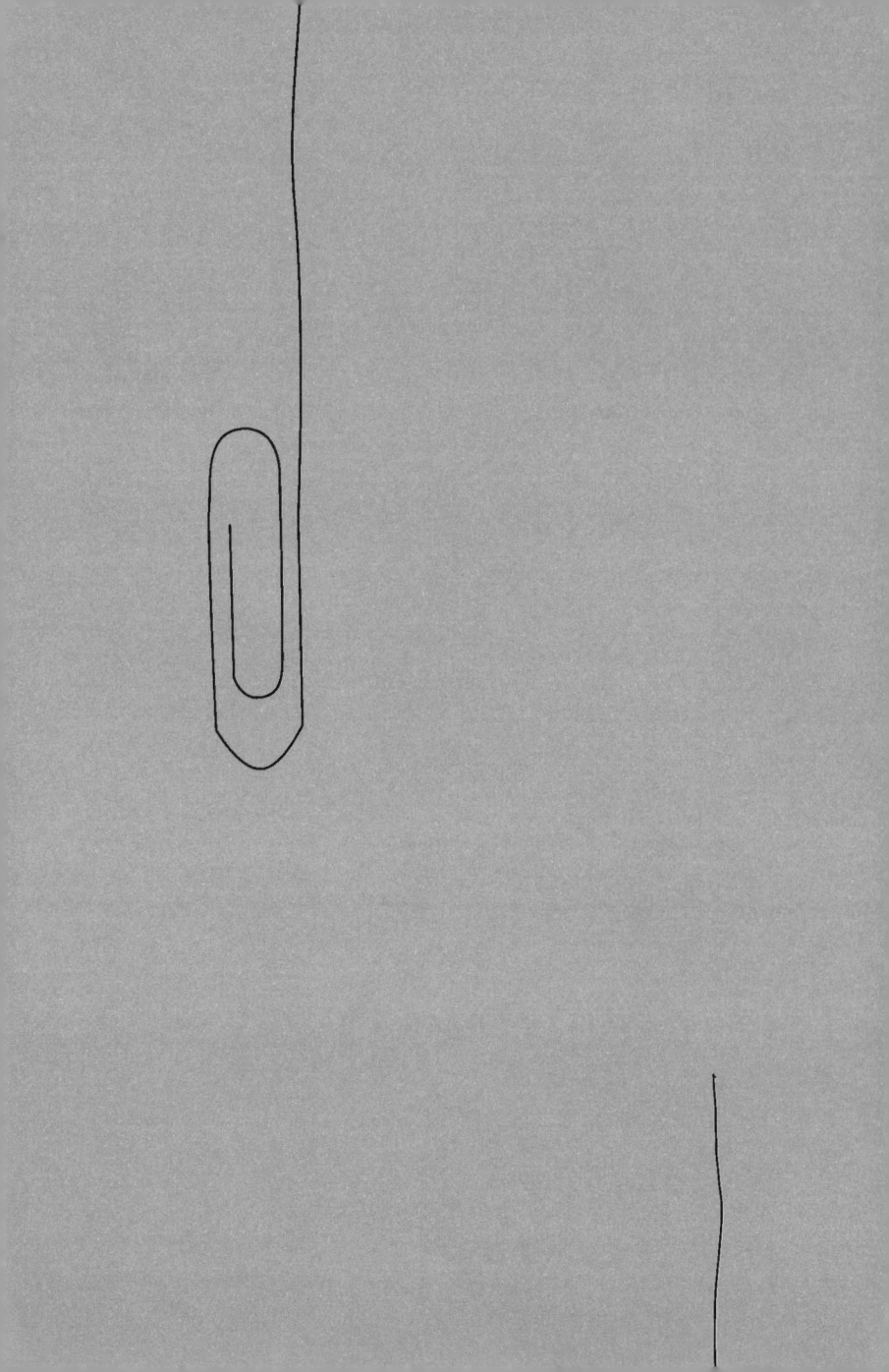

samara a. buchweitz

outras coisas que guardei pra mim

Principis

Esta é uma publicação Principis, selo exclusivo da Ciranda Cultural.
© 2023 Ciranda Cultural Editora e Distribuidora Ltda.

Texto: Samara A. Buchweitz
Ilustrações: Laerte Silvino
Arte: Ana Dobón

Revisão: Fernanda R. Braga Simon
e Eliel Cunha

Dados Internacionais de Catalogação na Publicação (CIP) de acordo com ISBD

B921o	Buchweitz, Samara A. Outras coisas que guardei pra mim / Samara A. Buchweitz ; Laerte Silvino. - Jandira, SP : Principis, 2023. 144 p. : il. ; 14,00cm x 19,20cm. ISBN: 978-65-5097-058-1 1. Poesia. 2. Literatura brasileira. 3. Perfis de mulher. 4. Sentimentos. 5. Brasil. 6. Coletânea. I. Título. II. Silvino, Laerte.
2023-1431	CDD 869.1 CDU 821.134(81)-34

Elaborado por Lucio Feitosa - CRB-8/8803
Índice para catálogo sistemático:
1. Poesia 869.91
2. Poesia 821.134(81)-34

1ª edição em 2023
www.cirandacultural.com.br
Todos os direitos reservados. Nenhuma parte desta publicação pode ser reproduzida, arquivada em sistema de busca ou transmitida por qualquer meio, seja ele eletrônico, fotocópia, gravação ou outros, sem prévia autorização do detentor dos direitos, e não pode circular encadernada ou encapada de maneira distinta daquela em que foi publicada, ou sem que as mesmas condições sejam impostas aos compradores subsequentes.

para você

este livro é uma bagunça, espero que se encontre

você

eu sei que você aí do outro lado das minhas palavras anda guardando para si muita coisa e talvez você precise disso mais do que eu. faz muito tempo que não nos encontramos, então, querido leitor, espero que minhas próximas experiências possam te aliviar de alguma forma. eu sei que você está aqui por mim, e eu estou aqui por você.

outras coisas que guardei pra mim

trilhas

a vida é cheia de entranhas
perigosas *grosso modo*
e se você não tomar cuidado
com todas essas façanhas
elas te atormentam até
que olhe para si e enxergue
aquilo que um dia foi ou será

máquina do tempo

eu queria voltar no tempo
voltar a ser criança
quando as dores eram ocultas
e as crises existenciais
não existiam
ainda
eu queria voltar no tempo
em que meu pai era meu
herói, e minha mãe uma
rainha
queria voltar para um
lugar onde as farsas não eram
evidentes
eu queria voltar no tempo

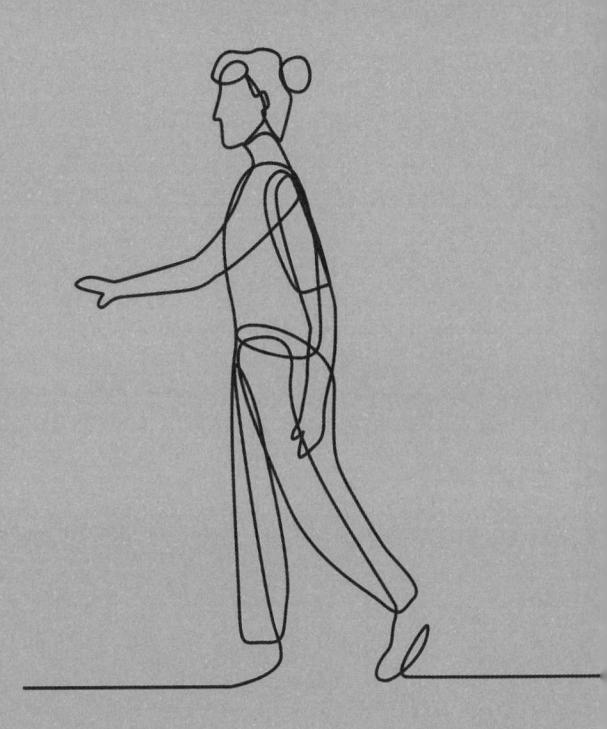

escrevo para que as palavras silenciadas
não me matem engasgada

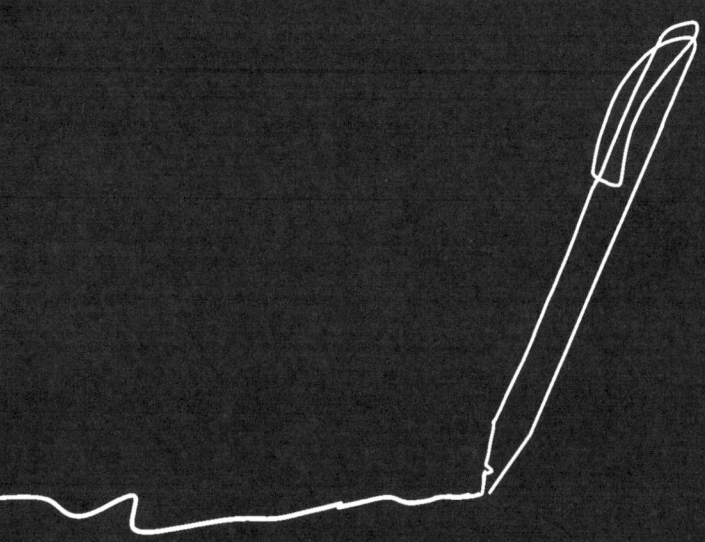

E.O.

pensei em desistir incontáveis
vezes. que te matariam se
pensasse em um mundo em que
eu não estivesse mais presente.
mas, diferentemente de quem
perdura por entes próximos,
eu não seria capaz de enterrar
comigo a pessoa que segurou
todos os meus restos carnais
que esperneavam por socorro.
não seria capaz de apagar o
único holofote que ainda está
aceso em cima de mim. o amor
mais puro e genuíno vem de
alguém de fora, que sonha
te ver brilhar.

outras coisas que guardei pra mim

não estamos na mesma página,
mas pertencemos ao mesmo livro

amores

amar te deixa fraco, te tira as melhores
perspectivas, te deixa buracos. te faz evitar
lugares. amar é vulnerabilidade, e, quando
você dá oportunidade para que isso comece
a fazer parte de você, abre-se uma porta.
e onde estão as chaves? é um caminho
brando. são fases. vai acontecer mais tarde,
não adianta se esconder. aos treze anos, na
escola, aos vinte na faculdade, sem hora,
sem idade. seu coração vai latejar. você vai
amar demais e vai ser tarde para aqueles
que tentam chegar. você vai se culpar por
não ser capaz de dar tudo de si. você vai
ter vários amores, mas não vai se esquecer
daquele que fez suas batidas pulsarem
mais forte. os outros só vão parecer um
pequeno recorte do que você já viveu,
e, se isso é amor, eu lhe desejo boa sorte.

outras coisas que guardei pra mim

ida

que hora você volta
que hora você vem
este fim de semana você não volta
este fim de semana você não vem
o que vou fazer sem sua volta
o que vou fazer se você não vem
uma semana virou duas
e no outro você volta
e no outro você vem
espero que sim
volta

retórica

você me trouxe de volta, me fez sentir.
mas você me ama pelo que sou ou por
receio de que eu possa partir? eu sei que
a gente não aguenta ficar longe tanto
tempo assim e sei que voltamos por
mais, sem pensar no fim. será que são
só nossos corpos ou nossas mentes?
será que precisamos de alguém para
nos sentirmos quentes? será que eu
preciso de você ou tememos ficar
sozinhos, com medo de voar afora
e nos aquecer em outros ninhos?
hoje tenho medo de ficar sem você.
mas será que o que sou é suficiente
ou você prefere guardar segredo?

outras coisas que guardei pra mim

às vezes é preciso matar a própria mente
para continuar vivo

L.N.

passei por alguns corpos antes e depois de conhecer sua fisionomia, inclusive agora há pouco. eu queria lembrar de detalhes, eu queria ser romântica falando de nós, mas nunca fomos e jamais seremos assim. algo lá no fundo almejava ter você só para mim. foi uma batalha tortuosa para te fazer enxergar que eu estava inteiramente ali. você cicatrizou feridas, mas abriu outras. lutei contra a minha própria cabeça que turistar por corpos alheios um dia deixaria de ser necessário, era só persistir. abrir mão daquilo em que eu acreditava, deixar um pedaço meu ir. desde aquele dia, que eu despretensiosamente ia para um bar de que nem lembro o nome, me viciei em você. não sei sobre o futuro, o que seremos. porém gosto de pensar que um dia já fomos tudo.

outras coisas que guardei pra mim

você está tão preso na sua cabeça
que se esquece de viver o que há fora dela

voos

ei, passarinho,
voa desse ninho
que te aprisiona
pequenino.
o mundo é grande,
abra suas asas,
olhe para baixo
voa para longe
do que te sanciona.

beco são paulo

era mais ou menos seis da tarde quando eu
quis abrir a janela do carro e gritar seu nome.
seu sorriso singelo me fez questionar tudo.
até como você levava suas relações já não
me importava. a verdade é que eu nunca devia
ter te deixado ir, e eu tive certeza quando
se sentou ao meu lado e todo aquele fardo
que eu carregava desapareceu. eu queria ser
sua, embaixo da iluminação amarelada no
fundo do bar. queria que a gente renunciasse
tudo em prol de se amar.

T.A.

imaginei tantos clichês com você, como poderia eu e como poderia você. todos esses planos ficarão para sempre em conversas perdidas, de que talvez a gente nem se lembre mais. você ainda se lembra de mim? foi tão fácil me dar as costas, enquanto eu traçava rotas para te ver. eu sei que foi difícil, sei quanto seus pais precisavam de você, e os meus, de mim, sei que tudo que eu queria viver era impossível, sempre foi, mas foi bom acreditar. lembro do dia que você tirou o aparelho, foi o sorriso mais bonito que já vi. ali eu sabia que seria a pior dor que já senti, te perder e me obrigar a te esquecer. eu queria que você soubesse, que o mundo soubesse o que era para ter sido se ao menos a gente se apegasse em quem nós éramos. gosto de me lembrar de você sorrindo, de como você cuidava dos outros. quero esquecer o dia que desistiu da ideia de nós. não se preocupe, esse segredo vai ficar guardado aqui, e espero te encontrar um dia por aí.

autobiografia

não sei quantos tragos foi preciso para que
eu precisasse de mim mesma. foram tantos
sofás, tantas camas, histórias insanas, mas
que me trouxeram até aqui. não sei em
quantos travesseiros diferentes eu tive que
deitar para encontrar uma resposta efêmera.
não encontrei, mas não fui embora. ainda.
é tão complexo precisar de si para sair de
um beco sem fim. existem saídas que estão
demasiadamente longe daqui. personagens
perversos continuam me atravessando
e levando algo que não lhes pertence, deixando
pedaços meus por aí. o que me intriga é que
depois de desfigurada ainda existe algo se
regenerando e que clama para que eu não
o abandone. não vou deixar que conversas
alheias ecoem mais alto que os planos que
eu fiz. não vou deixar de existir.

M.J.

queria descansar em uma relação assim
que te leva para tomar café depois das seis da tarde
que busca o carro para você não ter que andar tão longe
que te faz insistir quando seu corpo só quer desistir
mesmo não tomando as melhores decisões para si mesmo
que cuida de você e faria de tudo para te ver feliz
mesmo que inesperado sempre ter te apoiado
e enxergar vida em você

dependência emocional

despretensiosa, sentou-se simpática ao
meu lado e tornou-se parte da minha vida.
esticou sua mão, me ludibriou. eu, sempre
completa, preciso dela. me vejo respirando
através de companhias passageiras,
mensagens esporádicas e ligações com
duração de dez minutos. ela tornou todos
os domingos calmos, dolorosos. ando
buscando conforto incessantemente em
muitos até-logo que acompanham o resto
do final de semana, sem sucesso. a vida
perdeu o significado, a minha vida é ela.
penso em quando eu não a tiver mais para
abraçar numa noite fria. será que vou
sobreviver? até os milésimos tornaram-se
insuportáveis sem sua presença, árduos
demais, inexplicáveis. a verdade
é que eu a olhei nos olhos e espero
desconhecê-la.

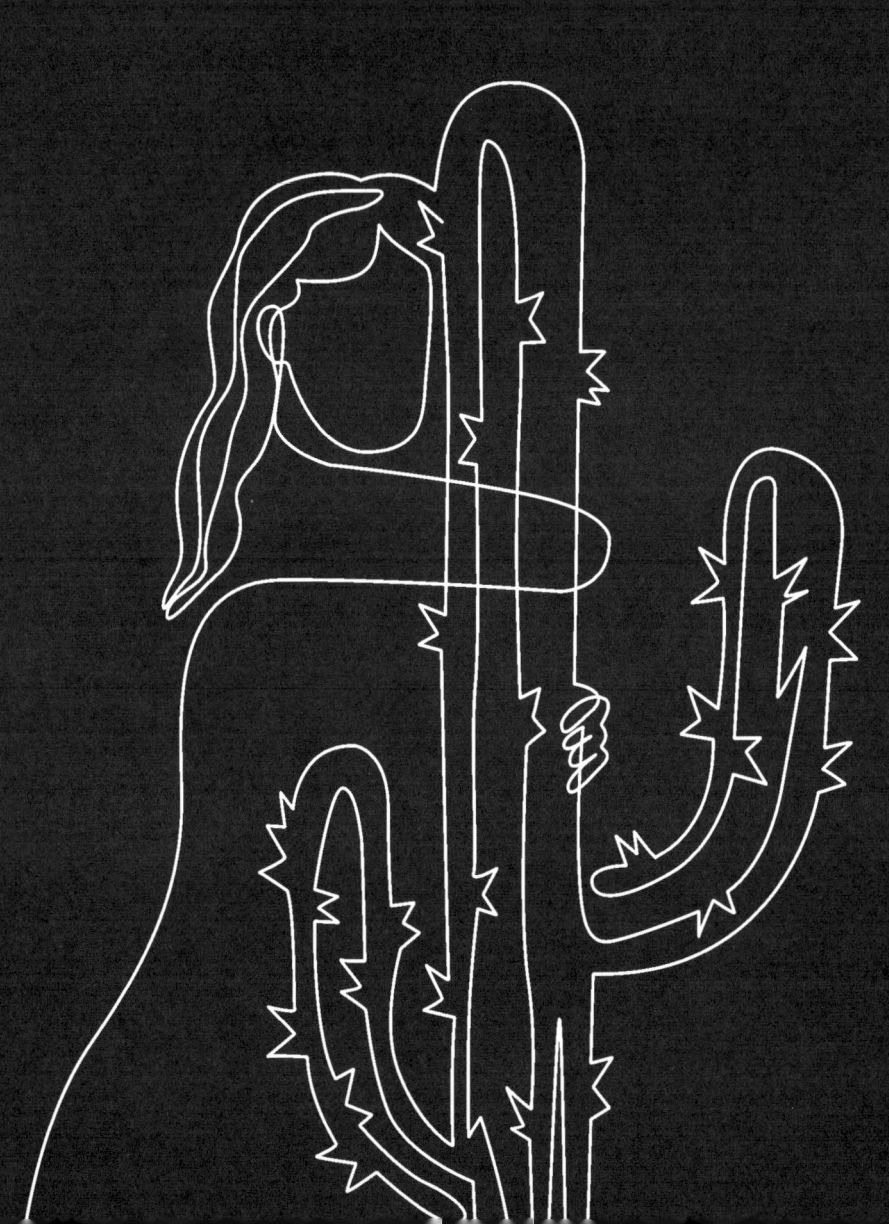

apego

meu desejo era simples
e até mesmo trivial
não ter te conhecido
não ter ido aquele dia
você mudou tudo
me fez temer
meus sentimentos
ter medo do amor
você não me fez nada
aliás, esteve ali e me amou
do seu jeito
me fez viciar
nos seus detalhes
e na sua companhia
o amor não deveria doer
mas dói demais
qualquer segundo
sem você

você é protagonista da sua própria
história, não deixe que os coadjuvantes
roubem a cena

boteco

eu vou contar essa história
repetidamente em bares
tentando esquecer os lugares
obscuros em que me enfiei recentemente
foi tudo coisa da minha mente
custou-me acreditar que era verdade
sua versão, que não tinha maldade
mas até aí até os garçons consentiram
que nós, os sentimentos existiam
que eu não ia ser esquecida
na verdade, que eu me escolhi
e você também

julie

mais ou menos onze da manhã, horário de Brasília
ou de Dallas, já não sei mais. fuso horário. confuso
horário. cansada no assento do meio, senta-se uma
senhora à minha esquerda. torcia para que não
abrisse a boca. o que esperar de um voo saindo do
Texas? apenas conversas sobre Joe Biden ter sido uma
péssima opção. não foi. digo, a conversa, não o suposto
posicionamento político. quem liga? quatro horas e
meia no céu, longe eu escuto sobre o seu casamento
de quarenta anos e sua aposentadoria para poder
viajar o mundo com seu marido Tony. dessa vez o
destino era um cruzeiro. e nessa história eu tomo
posse, moro ali por alguns longos minutos, sinto-me
em casa mesmo sem nem saber o nome dela. escuto
sobre as passagens pela Europa e outros continentes.
pego-me sorrindo quando discorre sobre a felicidade
de trocar de um quarto comum para um com varanda,
para apreciar a vista num final de tarde qualquer.
ela precisou sentar-se do meu lado, tendo o mesmo
destino que eu, ela de Oklahoma, eu do Brasil, para
me dizer que o amor existe, precisou dizer para que
eu não desista. o avião pousa. seu nome era Julie.

V.M.

admirei você e
logo eu
fã virei
seguir influências
assim por dizer
disfóricas
me transformei
num protótipo
logo eu

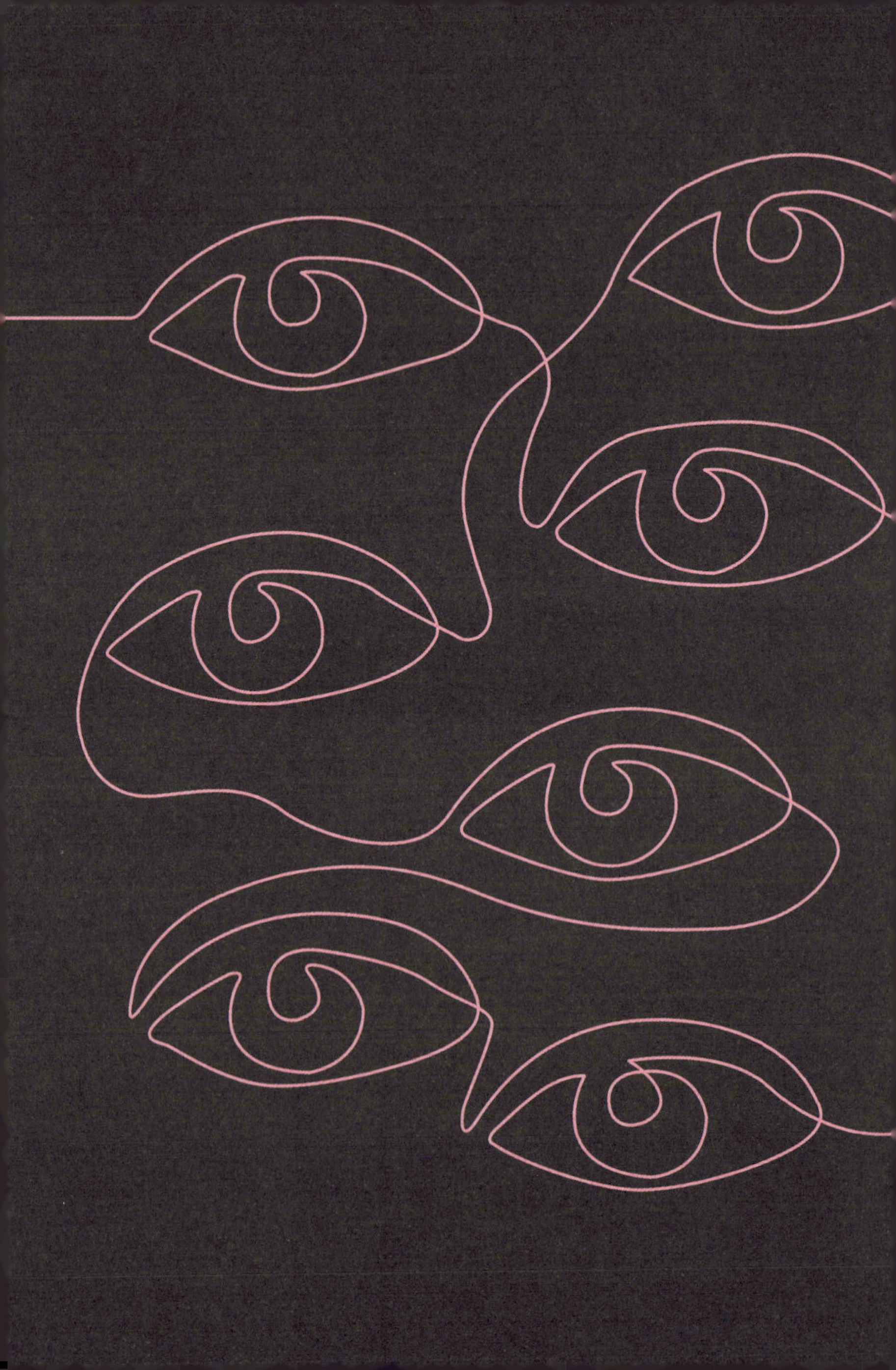

veredito

eu sou de tudo a nada
ao mesmo tempo eu sou o início
e a linha de chegada
mas vou deixar que decida
eu sou o apocalipse e a cura
eu sou seu maior erro
o que vier na sua cabeça
eu sou vilã e heroína
qualquer desavença
sou profeta e pecadora
no que queira acreditar
mas é tarde demais para
mudar o que você vê
então vou deixar
você decidir

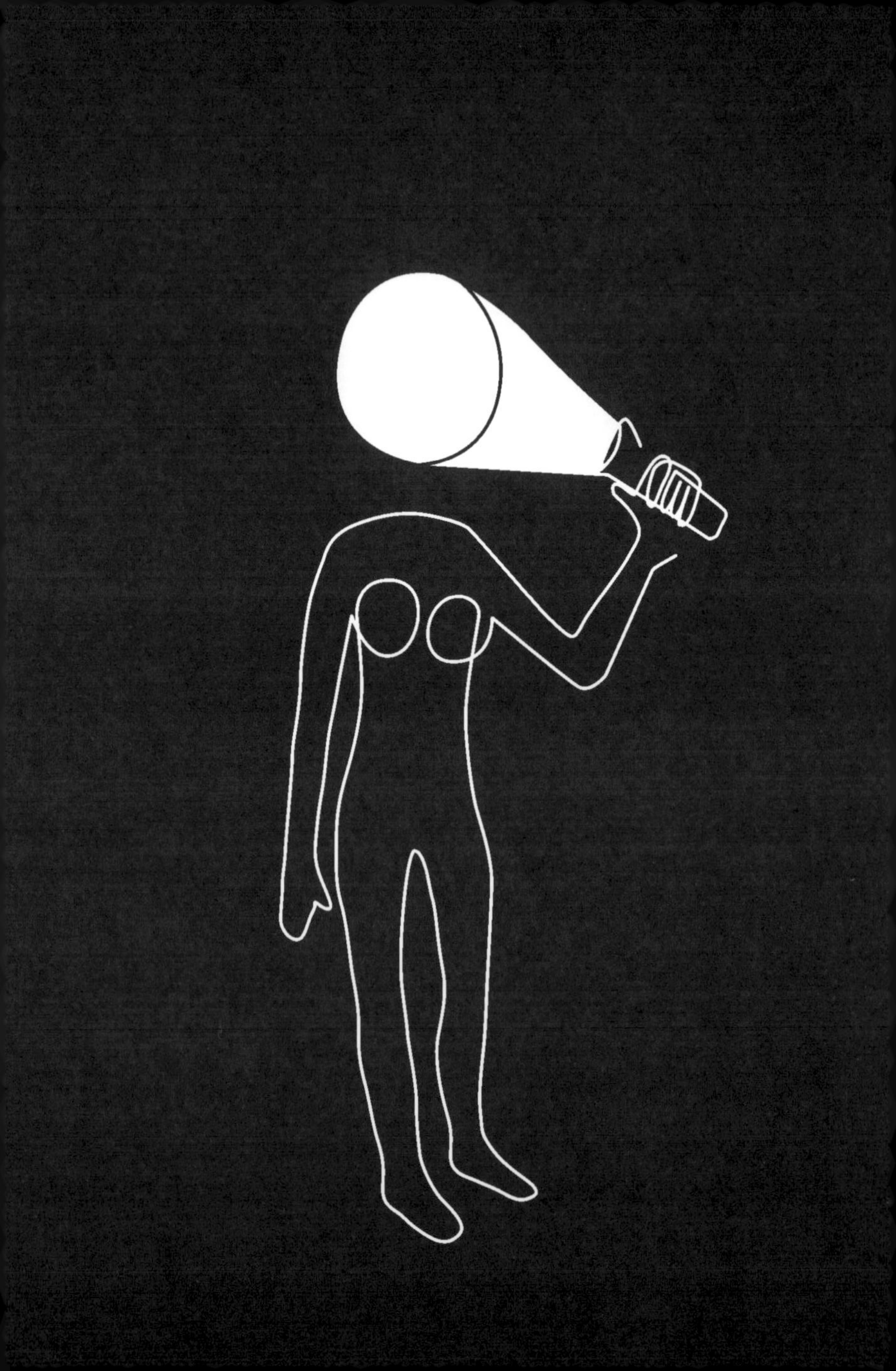

este texto não é sobre você

sei que te machuquei, não fui gentil o suficiente e desperdicei tempo, que você nunca quis ter. mas, mesmo assim, de alguma forma foi possível acatar os sonhos tão distantes que beiravam as estrelas, aquelas que de noite te acertavam com força. tudo bem, você merecia. estava tão quieto aí por tanto tempo que até pensei que tivesse partido. sei que foi difícil acordar com o barulho das lágrimas daqueles que te amam. você ficou aí por uma variável incontável de tempo, que até se esqueceu de si mesmo. você se perdeu. mas pelo menos se lembrou de que não fui eu que te machuquei. ninguém é capaz de te machucar mais do que a si próprio. e, se você não gosta de você, como eu gostei, alguém por aí vai.

pare de procurar por amor

seu sorriso vai te levar a lugares
que você quer conhecer
você ainda tem tempo
eu consigo sentir que está cansada
com receio de nunca mais ser amada
você ainda tem tempo
sei que está acostumada com jogos
você não precisa se preocupar
pare de procurar por amor
não importa o que digam
você ainda tem tempo

tóxico

eu queria ser sua
pequena quarentena
efêmera e volúvel
mesmo depois
fiquei presa nessa
quarentena de amor
aterrorizada pelos
toques contagiantes
segui aqui, quarentenada
por você, que já saiu por aí
e me deixou aqui

vago

como sobrevivi a esta semana, sendo que
só te toquei uma vez? começou com pouco,
e agora não consigo mais sair, igual à minha
mãe. ela disse para eu não tentar. eu devia
ter escutado. já não consigo sentir minhas
batidas, preciso de adrenalina. agora procuro
algo para me manter viva. se eu perder de
novo, não vou desistir. agora preciso de você
para sentir algo. eu tento sentir o vazio,
mas preciso preenchê-lo.

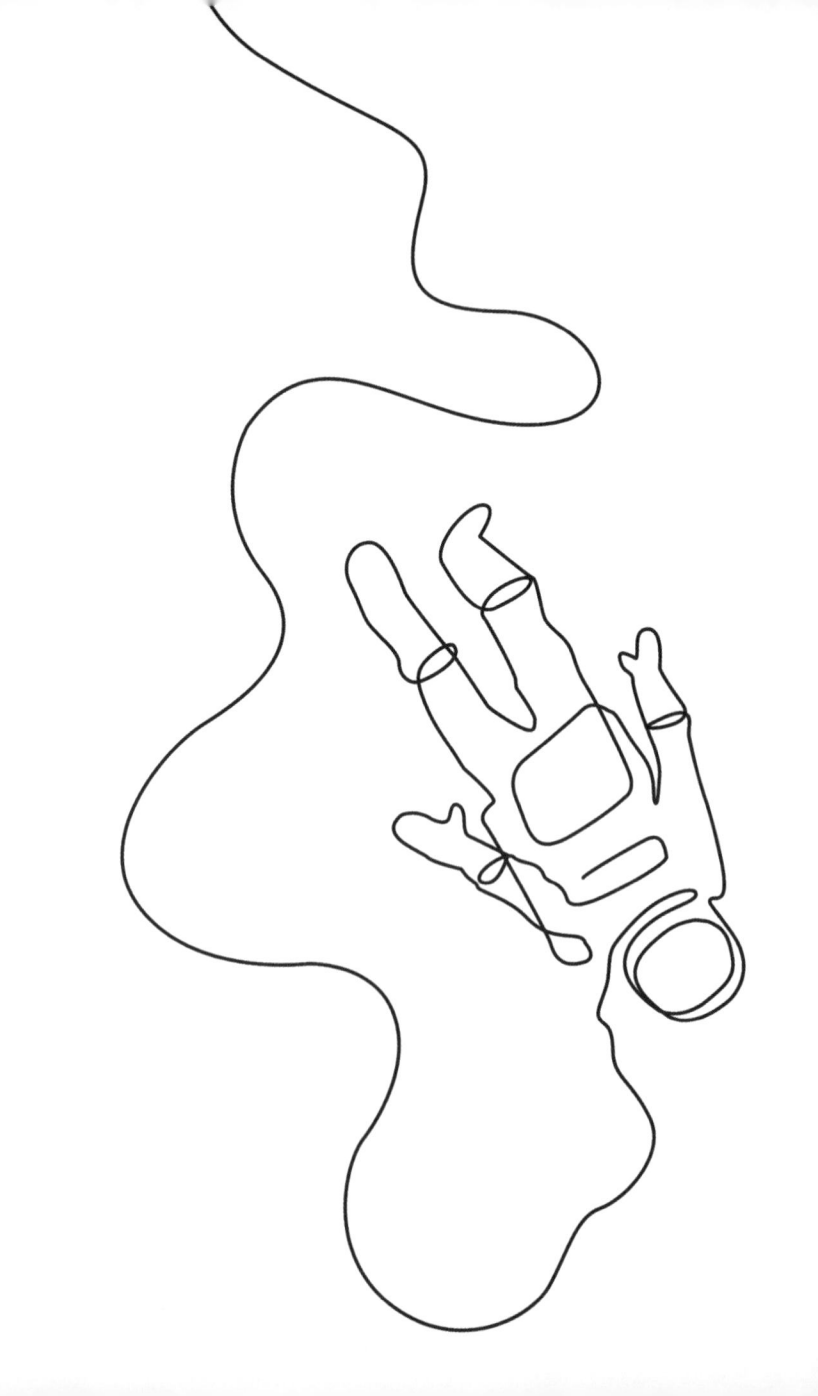

você diz

que precisa de espaço
não sabia que era astronauta
você diz que está sufocado
não me dei conta de que estava asfixiado
por um instante
você se esquece dessas coisas banais
você diz que quer partir
logo em seguida se contradiz
diz que estamos indo depressa
mas estávamos parados
me manda mensagem alcoolizado
você diz que precisa de mim
você brinca comigo
como se eu fosse o único jogo
que soubesse as regras
você diz que precisa ser amado
todos nós precisamos
eu quero se você permitir
por um instante
você espairece
me quer de novo
você se entrega
parte logo em seguida

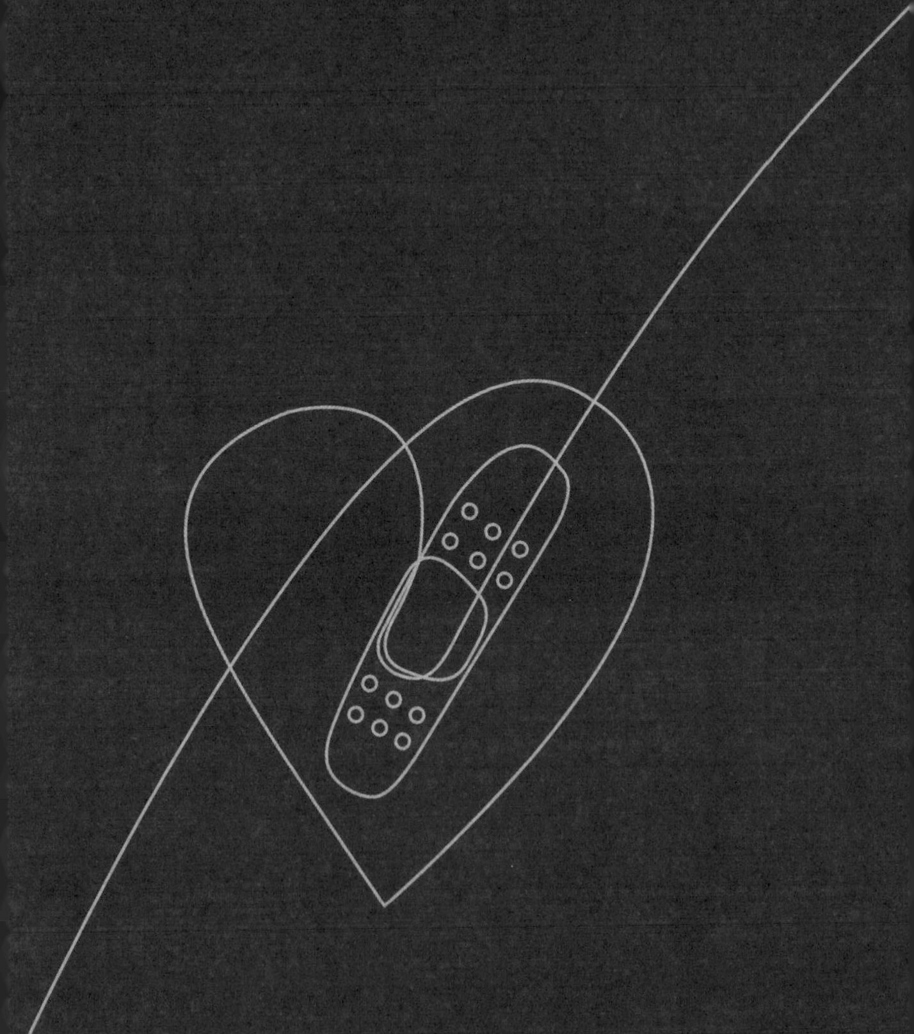

***band-aid*™**

imagino o que faria
se nunca mais pudesse ter a mim
eu sou má nessa história por não confiar
quando você só pediu desculpas uma vez
eu te dei minhas figuras e você as usou para jogar
eu teria qualquer um aos meus pés
se eu ao menos me abrisse para tentar
imagino como se sentirá
ao saber que eu decidi
nunca mais voltar

e se

se você visse a cor
dos meus olhos quando
falo teu nome
se você sentisse a dor
que eu sinto quando
imploro para que me ame
e se você me assumisse
eu talvez pararia de
procurar um vice
para ocupar
esse seu lugar infame

peguei um avião hoje, logo agora. olhei em volta e me teletransportei para quando meu pai segurava três passaportes e bilhetes aéreos. *está na hora? ainda não.* era fácil, não me atentava a horários e casualmente lhe perguntava *por que nunca nos sentamos nos assentos mais chiques?* que pergunta besta, era simples. ele sorria, olhava para minha mãe. eles davam aquelas bitocas que todas as crianças acham nojentas, inclusive eu. *você deveria ficar feliz de nos ver assim, uma hora vai ser tarde.* mas na verdade foi cedo, até demais. fiquei imaginando essa cena na família atrás de mim, não sabia que ia ser desse jeito, não sabia que ia ser assim. olhei em volta de novo, e meus pais já não estavam mais lá para mim.

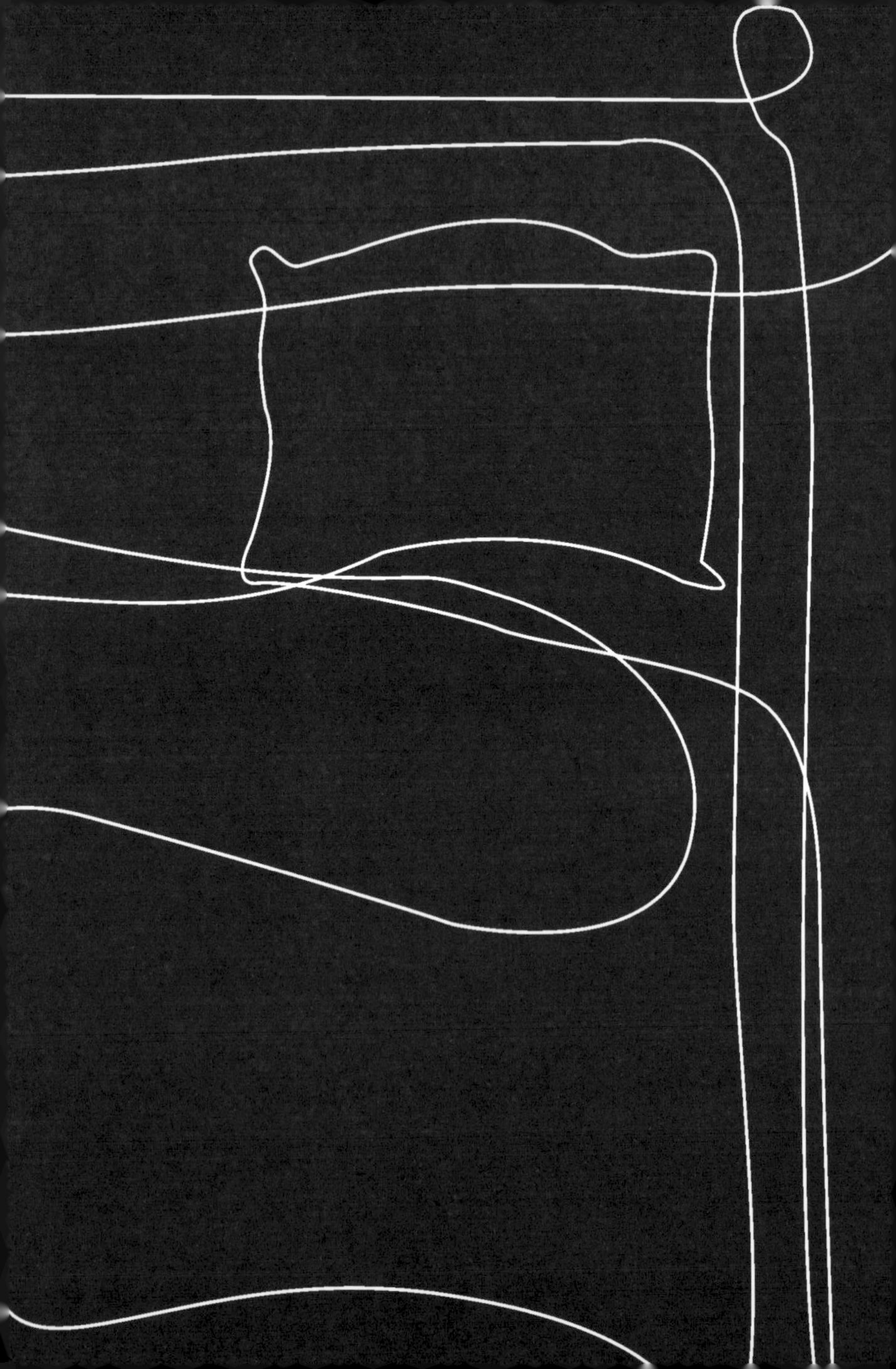

sem título

quarto escuro, mãos geladas tocam meu dorso, enquanto as minhas estão rendidas fortemente. me resta sentir. sempre gostei de sentir. seu corpo vira eclipse em cima do meu, sua escuridão invade minha luz, e é impossível gritar. ninguém me ouve. eu não quero sentir. você termina. sua frieza nas minhas veias quentes e seu rosto desfigurado pelo breu se afastam. você decide soltar as ataduras. corre para longe antes que eu te veja, lágrimas descem com medo, meu corpo se desfaz. leva consigo minha segurança e acaba com a minha alma. eu jamais terei paz.

placebo

talvez seja o momento para uma intervenção
divina, porque comprimidos já não têm êxito.
ando pensando nas palavras pesadas, bebi uma
taça de vinho ou duas, para que elas conversassem
com diversas outras e se esquecessem de mim.
ultimamente tenho tragado ares pesados que
meu paladar não aprecia, talvez seja o momento.
ela disse que precisa de mim, que já fez o que
me pego pensando e que espera que não esteja
no fim, me acabando. de novo. talvez seja
o momento de uma intervenção ou apenas
mascarar tudo o que eu vier a sentir.

romance

queria te namorar hoje, amanhã
depois, de fundo pro luar
namoraria seus jeitos de ser
que não são tão parecidos
com os meus, mas eu
te namoraria sem pensar
com vontade de velejar
pelas suas curvas
parecidas com as do mar
num final de tarde
queria te namorar agora
ontem e semana passada
ao longo da estrada
eu queria mesmo
ser sua morada
e talvez namorada

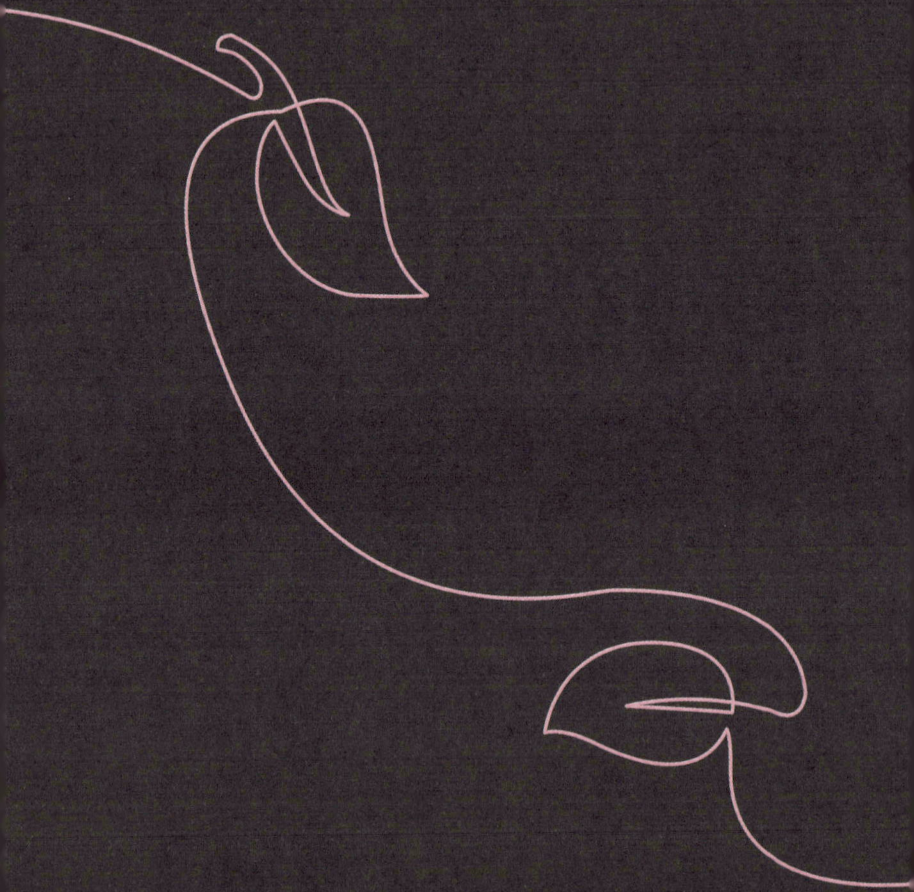

dias e dias

há dias que são pesados
difíceis e cansados
milésimos que estão longe
da largada, mas com medo
da chegada
estações que se confundem
entre si
dias tão inflamados que
não aguentam ares
intimados
mas que no fim são
apenas dias passados

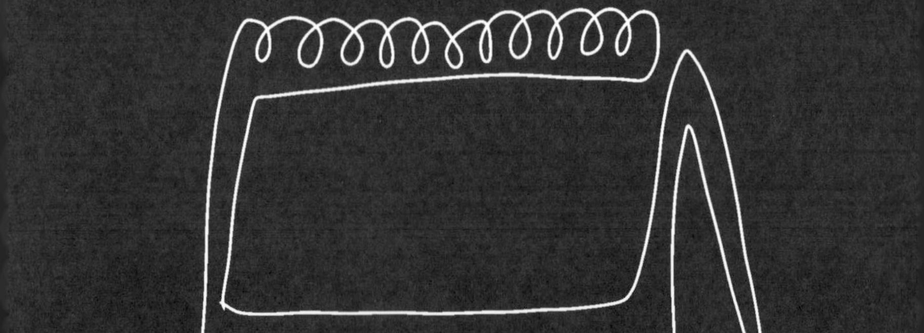

toda quinta-feira e todos os segundos que se aproximam do fim de semana são tortuosos para mim. não gosto de saber que é possível que te levem para longe, onde eu não possa alcançar. não consigo saber se em algum momento de sua estadia nestas conversas alheias, que só acontecem às quintas, você vai se lembrar do meu nome. dói tanto algo que não deveria doer. você é mundano, eu sei que estou de passagem, apreciando a vista. me incomoda que talvez você esteja dando as costas para todas as palavras já ditas, embriagadas de nervosismo e de vontade de ficar. eu quero que você cumpra, que você fique. eu tenho tanto medo de achar que sou algo que nunca fui e como eu ficaria sem você. toda quinta-feira eu choro com medo de te perder.

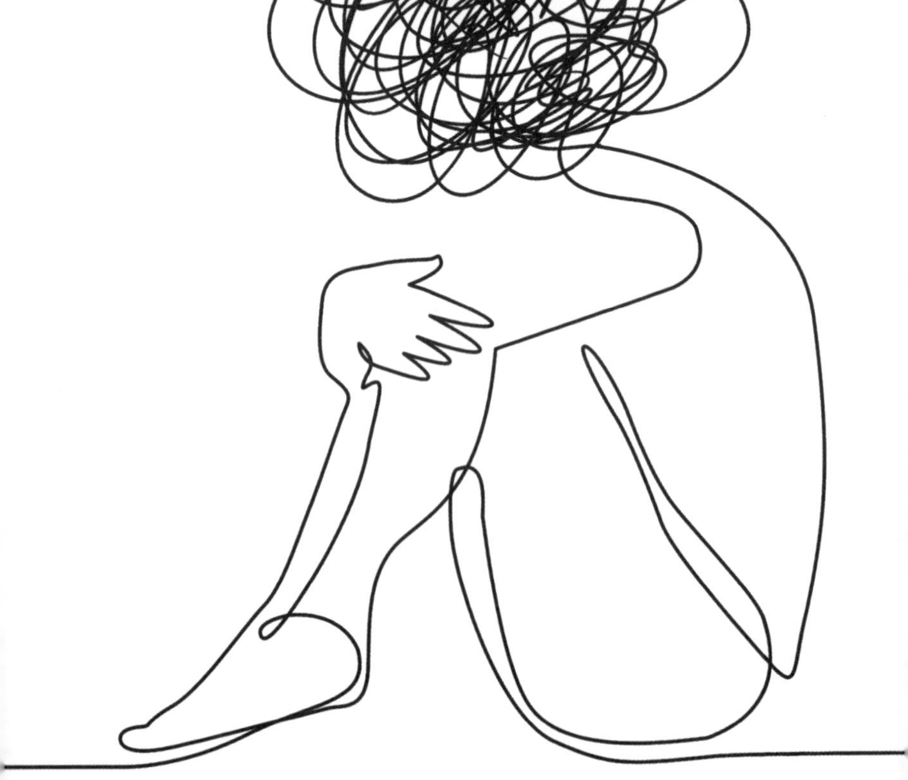

ansiedade

o burburinho na minha cabeça me faz pensar
que meia taça de vinho antes de dormir não seja
mais relaxante. na sua onipresença impertinente,
nos seus gestos invasivos de pegar minha mão
e fazê-la formigar junto ao meu resto carnal.
na sua maneira de ocupar uma cama de casal
e escolher o meu travesseiro preferido para se
alentar. em como não existia mais um singular
e sim um plural, nós. que eu nunca permiti.
no exato segundo que eu já não tinha controle
das vozes na minha cabeça, pois só existia a sua.
no por que você não vai embora, quando a única
coisa que desejo é que fique do lado de fora.

T.L.

rua Maria Borba
dois mil e dezenove
a conexão mais nobre
desde então você não soltou
a minha mão, se propôs
pela primeira vez a ficar
ninguém nunca ficou
da Santa Cecília, logo ali
ao Rio de Janeiro você
me amou e me segurou
por São Paulo inteira
me assegurou que não ia
a lugar nenhum
me conheceu por inteiro
me desvendou e por
aqui não me deixou
foi sobre amor, é sobre
amor, não esse
mas amor

perdão

peço desculpas aos
meus amores antigos
alguém vai te amar
mas esse alguém
não sou eu

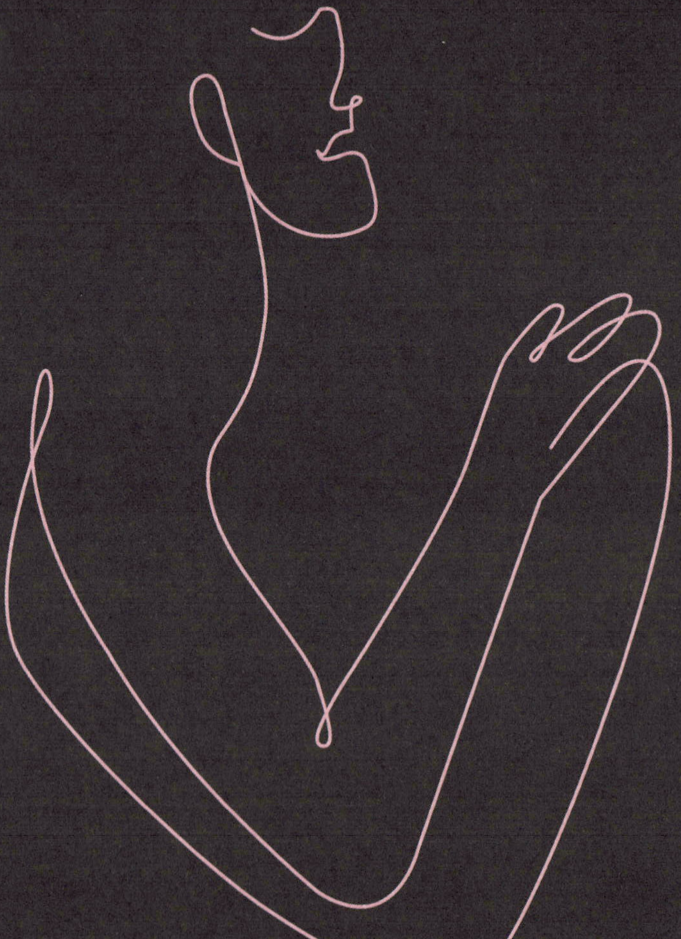

outras coisas que guardei pra mim

você fica linda
quando se veste
de amor

jeitos de dizer eu te amo 2

tentar uma receita diferente juntos
sem saber cozinhar
mandar mensagem quando chegar
começar uma série nova
sem hora para terminar
entregar seu coração por inteiro
mesmo tendo a certeza de que ainda vão errar
fazer do amor uma escolha diária
porque definitivamente não é difícil amar

renúncia

achei que chegaria mais longe
a esse ponto eu deveria saber
alguém vai ter de ceder
tudo que faço é te dar o mundo
e, em troca, você o toma de mim
alguém tem de mudar
mesmo sabendo que não vai
o melhor motivo para partir
é não ter nenhum para ficar

eu já nem me importo mais

sinceramente, faz o que quiser aí. se precisar me liga, estarei aqui. saia com quem bem entender. se entrelace sem se preocupar em me perder, como você prefira fazer. enrole-se em lençóis vazios, perfumados com cheiros que não são de baunilha. descanse sua cabeça em colos que não são o meu, responda-me quando desejar. a minha ansiedade já não se importa mais. por favor, toque corpos, bocas, esteja dentro de todas que não sejam eu e lembre-se do meu gosto, dos meus gestos fiéis aos seus. não se dê ao trabalho de me contar sobre seu dia, não se dê ao trabalho de se lembrar de mim quando estiver passeando por intimidades supérfluas. aliás, quem perde não sou eu. estarei aqui, sempre estive. porém, menos inteira, menos sua, até não sobrar nada, só meu cheiro doce, de lar. espero que se sinta em casa vagando por aí, eu já não ligo mais. por onde seu toque esteja, estou aqui por ora, até chegar o momento de ir embora.

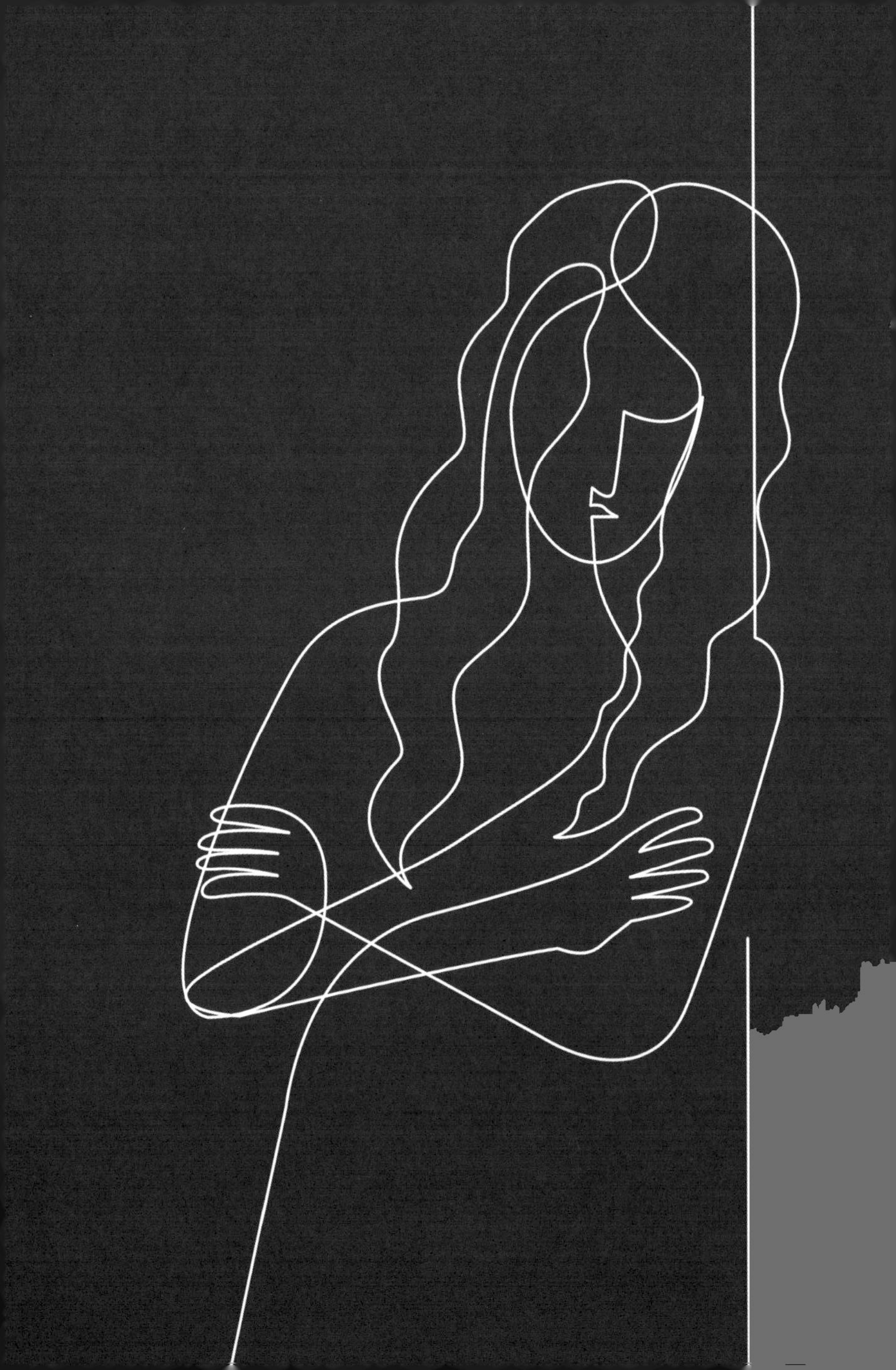

ela

foi machucada pela sociedade,
considera-se autêntica, mas tinge o
cabelo para fugir de amores fantasmas.
garante a ele que é diferente de
todas as que já passaram por ali, mas
consegue ser a mais insegura. diz ter
gosto peculiar, mas liga para a mãe,
desesperada, pois não sabe cozinhar.
foi pisoteada pelos traumas, jura
a si mesma que é forte, mas evita
perguntas, com medo de suas respostas.
se acha original, mas lê os mesmos
livros que todo o resto. ela é só
mais uma, dentro de todas as que
se dizem diferentes e são iguais.

outras coisas que guardei pra mim

quando você vai me assumir
ou assumir que algo
pulsa ou já pulsou
por mim
vai sumir ou
vai sentir que algo existiu
ou ainda existe
vai se recluir ou
se permitir
ficar por aqui

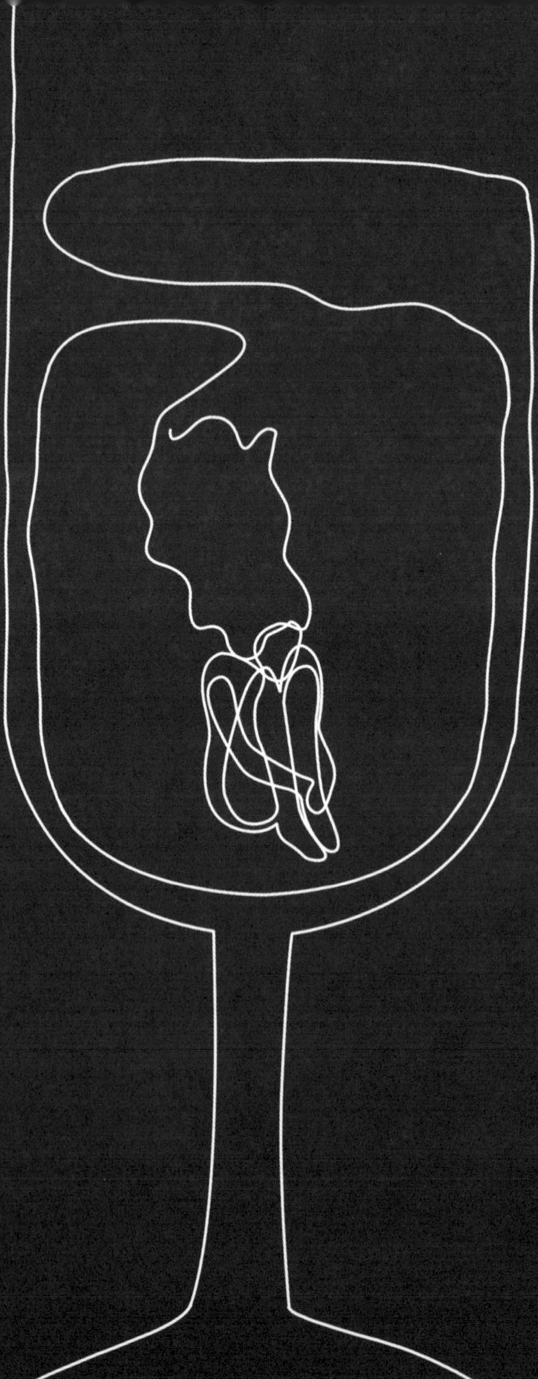

goles

sempre bebi meus problemas em goles grandes
para fazer efeito, para que entrassem em minhas
veias e me fizessem digna de permanecer em paz,
pelo menos por uma noite. na noite seguinte,
eu os bebia de novo, até que sumissem por
completo. comecei a beber dores e não sentir
seus respectivos sabores.
eu já não sabia onde estava, ainda não sei
mas queria saber.

gosto de você

aprendi a gostar de você
como quem aprende a gostar de uma música
que não é tão gostosa assim de primeira
ou aquela comida que tem um gosto
espetacular no final do paladar
e foi desse jeito que eu aprendi a te amar
igual às mesmas melodias que no começo
não agradavam ao soar

querido pai

queria que sentisse orgulho de mim
a ponto de fazer seus olhos brilhar
quando se lembrasse de quem criou,
uma sonhadora aspirante que te leva
consigo no peito como se fosse ouro,
mas que tem medo de que o roubem
dela. queria que soubesse que as
angústias sempre foram de não ter
mais a sua companhia e que outro
alguém fosse capaz de te deslumbrar
e nos afastar. que morar debaixo do
mesmo teto sempre foi essencial para
ter paz e que as aventuras vividas com
você foram cruciais para me salvar.
queria que pudesse passar no meu
quarto todos os dias até o fim dos
tempos só para me desejar boa-noite.
que todos os domingos pudéssemos
almoçar e jogar conversa fora e que
me prometesse nunca ir embora.

incerteza

será que suas palavras são paralelas a
suas atitudes ou elas morrem ao vento
em algum momento? já questionei
se o problema morava aqui. se fui
demais ou era você que não sabia
lidar com toda a imensidão. se você
fugia da imersão. o que eu sou para
você? talvez o que construímos tenha
significados divergentes ou talvez eu
nunca tenha significado nada. talvez
seja cômodo. penso nesse mundo
que você constrói, no qual eu não
tenho papel. mas a convivência não
deixa que você sinta o gosto da minha
partida. talvez seja hora de pairar por
novos caracteres, me despedir do seu.
você disse que me ama de volta, mas
será que é pelo que eu sou ou pelo que
fiz por você?

outras coisas que guardei pra mim

é sobre você

às vezes não é sobre amores
muito menos dores
talvez seja sobre persistência
e sobre a sua própria
insistência em si
o seu desespero por
essência que mora tão perto
e por mais que esteja embaçado
só cabe a você enxergar
só cabe a você insistir

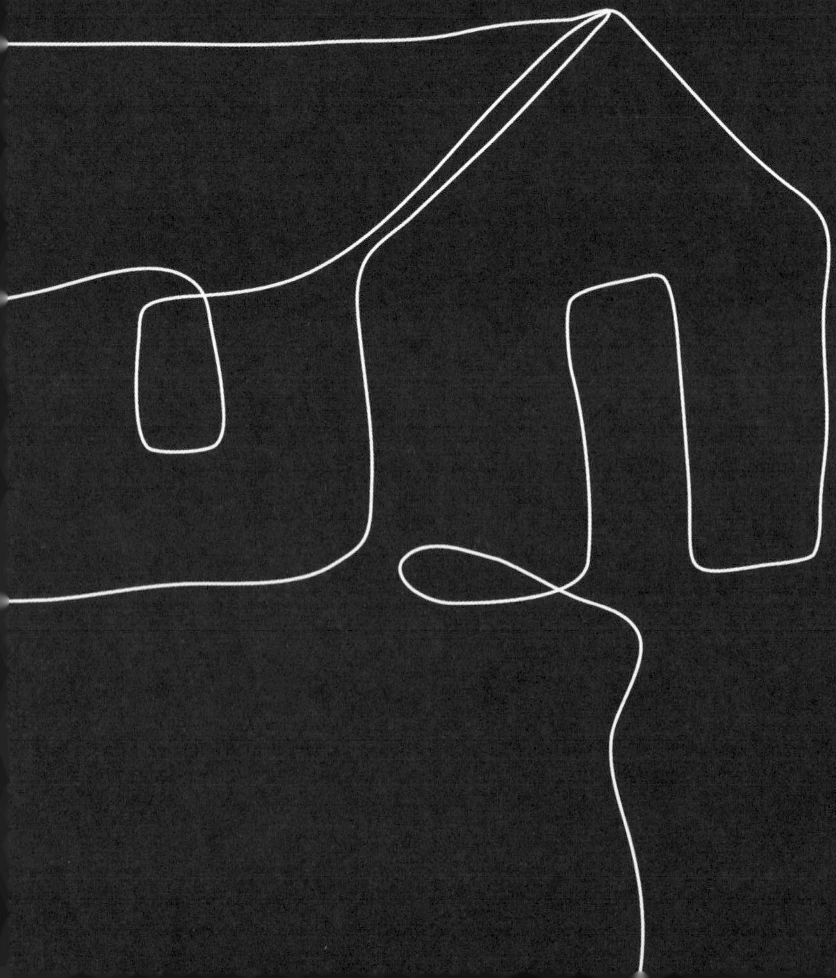

vestígios

vago em uma casa vazia
onde eu vi minha irmã crescer
criei histórias que hoje são
apenas memórias que causam
dor, porque eu queria permanecer
nesse porto seguro em que
eu tomava café com meus pais
e hoje eu não os vejo mais
as xícaras me contam do passado
a garagem não tem nenhum carro
e eu não ouço mais vozes
eu os vejo ainda sorrindo
neste lugar que não é mais um abrigo

noite paulista

ninguém se importa
no meio da balada escura
as lágrimas descem fácil
ninguém vê seu rosto
seu telefone não toca
e o que grita dentro de você
não é mais alto que a música em volta
mais uma vez sua dor foi silenciada
olham dentro dos seus olhos
enquanto brilham socorro
viram o rosto e assim acaba a noite
você arruma o batom
desce a saia
vai embora
quem sabe outra hora

outras coisas que guardei pra mim

me despi de ruínas
para que quem pudesse me ler
conseguisse seguir sem dor

por mais tentador que seja
pessoas não mudam
nunca

B.M.

somos diferentes
talvez iguais
opostos
similares
seus ideais me lembram
alguém que me faz falta
mas seus sentimentos
são leais
gosto do seu perfume
tem cheiro de casa
gosto desse seu carinho
eu me levanto pensando
se é você que me encaixa
seu sorriso me traz esperança
de que um dia vai ser eu e você
e eu espero que
no final eu possa descansar
nesse seu abraço
e que meu fim
seja você

V.D.

queria encostar sua cabeça no meu ombro, olhar fundo e tentar intimidar esse seu olhar que ninguém nunca conseguiu, por mais que achasse que sim. queria te proteger dessas furadas em que você se joga sem calcular a profundidade. às vezes queria gritar para você que seu nariz alinhado e sua risada contagiante é tudo que você não pode sair oferecendo para qualquer um. queria gritar em silêncio, mas você ainda não seria capaz de escutar. o que eu fiz e tentei fazer para que não levassem seu brilho embora. eu levaria a culpa toda vez, em todos os multiversos, para te ver voar.

se alguém estivesse se
despedindo, você saberia?

queimadura

é como se a luz do sol atravessasse meu dorso
e queimasse todas as feridas abertas
é como se não houvesse aparelhos
que exalassem oxigênio suficiente
para me fazer respirar
é como se todas as minhas forças
estivessem doutrinadas a gritar
é como se as glândulas oculares
não aguentassem mais as lágrimas
que eu tenho a despejar
é como se doesse tanto
que o meu corpo implorasse
em parar de funcionar

você ama alguém com os
traços do seu pai, porque
tenta reparar toda a dor que
sua mãe teve de passar.
você faz sacrifícios, porque
te doem as lágrimas que
ele derruba ao falar. você
ama as migalhas que caem,
porque isso te foi ensinado
a aguentar. você os ama
porque foi com eles que você
aprendeu a amar.

18h50

me manda mensagem
pare de me mandar mensagem
ela sabe?
você continua
eu sinto sua fome do meu gosto
ela sabe?
você veio me ver, meu coração
pertencia a outro
isso não te impediu de distorcer
e desmerecer tudo aquilo que
fomos e deixamos de ser
ela sabe?
você pede por mim de volta
todas as noites
e mesmo assim te quis
quero, já não sei
ela sabe?
deve saber

amor de copo

eu te amo embriagada
afastada de todos os problemas
que achamos ter
te quero, cada curva em todos os emblemas
seu toque, seu beijo me fazem inteira
mas só naquele momento em que estamos de besteira
e quando voltamos ao normal, somos rotina
e não existe aquela sensação repentina
nosso amor é líquido e acaba
quando a taça esvazia

museu

de vez em quando os reflexos do meu passado aparecem,
a angústia ardente de que aqueles momentos não
deveriam ser congelados, mas sim eternizados, todos
os dias. não devia, as amizades seguem rumos
diferentes, e mesmo seus pais já não usam as mesmas
roupas, houve escolhas que vieram de dentro e
de fora e que já partiram. e sua psicóloga te fala
que é o ciclo da vida, que tudo gira e se finda. e eu,
aqui, queria minhas risadas de volta, porque, ainda
que tudo mude, ainda parece que falta.

esperança

preciso te contar que a vida não
é perfeita, nem do lado de cá.
encontro-me em cima de um palco
pegando um diploma, e ainda há
partes de mim que se encontram
em coma. não consigo te dizer se
me sinto completa depois de me
graduar e por obrigação diria que
sim. sempre achei que seria assim,
trabalhar para sustentar esse ego
sem fim. por isso eu preciso te
contar que eu ainda tenho tempo,
mas a cada vento que sopra o
caminho se dissipa para mais
distante, e não obstante eu me
sinto orgulhosa de que não acabou
ainda e tenho esperança para
o que o destino guardou.

lembranças

não sei dizer se eu mudaria a minha história
de vez em quando fico aflita e
questiono essa trajetória
que escolhi
mas foi perfeita em cada detalhe
mesmo que às vezes
eu ainda me questione se precisaria ser refeita
e de certa forma tenho orgulho de aonde cheguei
por mais que eu tenha que me desfazer
de momentos aos quais me apeguei

descanse em paz

não quero voltar para casa
ainda vejo você se afogando
eu clamo por ajuda, imploro,
ninguém me escuta
as bolhas sobem sutis,
e seu corpo fica imperceptível,
esquecido
sinto, vejo de longe
não quero atender o telefone
quero fingir que algo de você
ainda permeia nesse mundo
não dentro de mim, fora,
para todo mundo ver
não quero voltar para casa
sua sombra e sua luz já não te pertencem
você me deixou aqui sozinha
para enfrentar dias e anos
sem a sua companhia
não quero voltar para casa
porque não basta só ficar te imaginando
eu sei que você já se foi
por mais que tenha tentado
e ainda sigo tentando

me conta

como é vadiar pelo mundo
sem sentir dor
como faz para respirar
me conta no que acreditar
se a única coisa em que eu
ainda acredito é em nós

outras coisas que guardei pra mim

um dia alguém vai amar as partes
que você sempre desprezou

maria eduarda

é tão dolorido te assistir partir
treze anos atrás você me fazia correr
agora me encontro em escombros te vendo morrer
nunca foi preciso palavras
você me fazia sentir em casa, abraçada
eu sempre soube que você absorveria todas as minhas dores
hoje eu sento com você, porque seus movimentos são
comprometedores, sei que cumpriu sua missão aqui
mas jamais me sentirei pronta quando quiser ir
e me deixar para trás, não existem palavras
que façam essa dor sumir, sua finitude me faz refletir
que de onde estiver vai sempre olhar por mim
seus últimos dias tentando sobreviver
vão para sempre me lembrar de que é preciso viver

jardim

achamos a grama do vizinho sempre mais verde
porque ainda não aprendemos a cultivar a nossa
perdemos tempo admirando jardins alheios
enquanto o nosso queima sob o sol

incêndio

somos uma dinamite
prestes a explodir
você é fogo que incendeia
as pólvoras que restam
eu sou água que impede
que haja uma catástrofe
engolimos calados a
explosão prestes a surgir
com medo de que tenhamos
de finalmente nos despedir

ainda dá tempo

alguém foi embora hoje pela porta da vida, e eu não tenho palavras de conforto ou atitudes que amenizem a dor da minha amiga. mas pude olhar para minha mão e para estes vasos sanguíneos, e pude com ela discar para minha mãe, que ainda está viva. eu sei que por aí as coisas andam difíceis, mas pelo menos você respira, e, graças àquilo em que você acredita, todo mundo está bem. se você for parar para pensar, as discussões são em vão, e os momentos latem dentro do coração, pois ainda dá tempo de repeti-los. eu senti a dor que não era minha, mas a trouxe mais para perto de mim. abrace seus pais, mesmo que eles te magoem. ainda dá tempo. mande mensagem para alguém com quem as coisas ficaram mal resolvidas. ainda dá tempo de não ficar refém. eu quero dizer, sem parecer clichê, eu estou aqui, você está aqui, dá tempo de se redimir. e sobre o tempo, ele nem sempre vai estar aqui. então, por favor, não tenha medo de se permitir. me lembro da corrente do seu pescoço entre os meus dedos e todo o meu medo de amar. quando esse alguém não voltar, não haverá mais tempo, e não vai adiantar chorar.

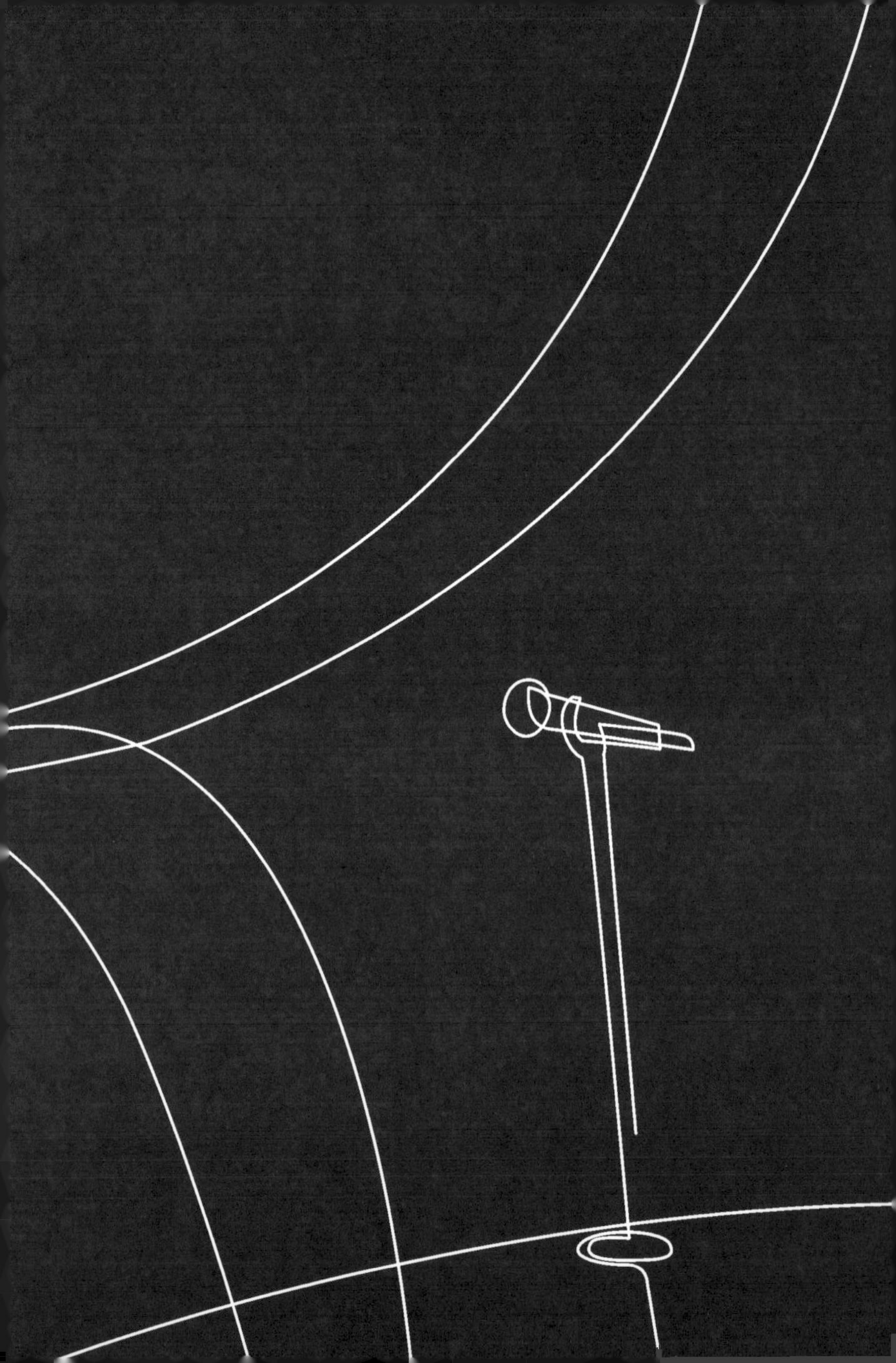

a vida é um palco
no qual eu não sei
se quero subir
mas do qual morreria
de medo de descer

pesadelos

noites me assombram
pensamentos e devaneios que se encontram
de madrugada se acoplam
se expandem na minha mente
que pede socorro
são quatro da manhã mais uma vez
aqui de novo eu me encontro
meu corpo formiga enquanto o sol nasce
durmo de olhos abertos
com medo de que os momentos escapem
respiração pesada ansiando
que os demônios se acalmem

são dias sem fim e fins sem volta
não existem caminhos
que eu possa vir a trilhar
que façam com que eu encontre
aquilo que nunca parei de buscar

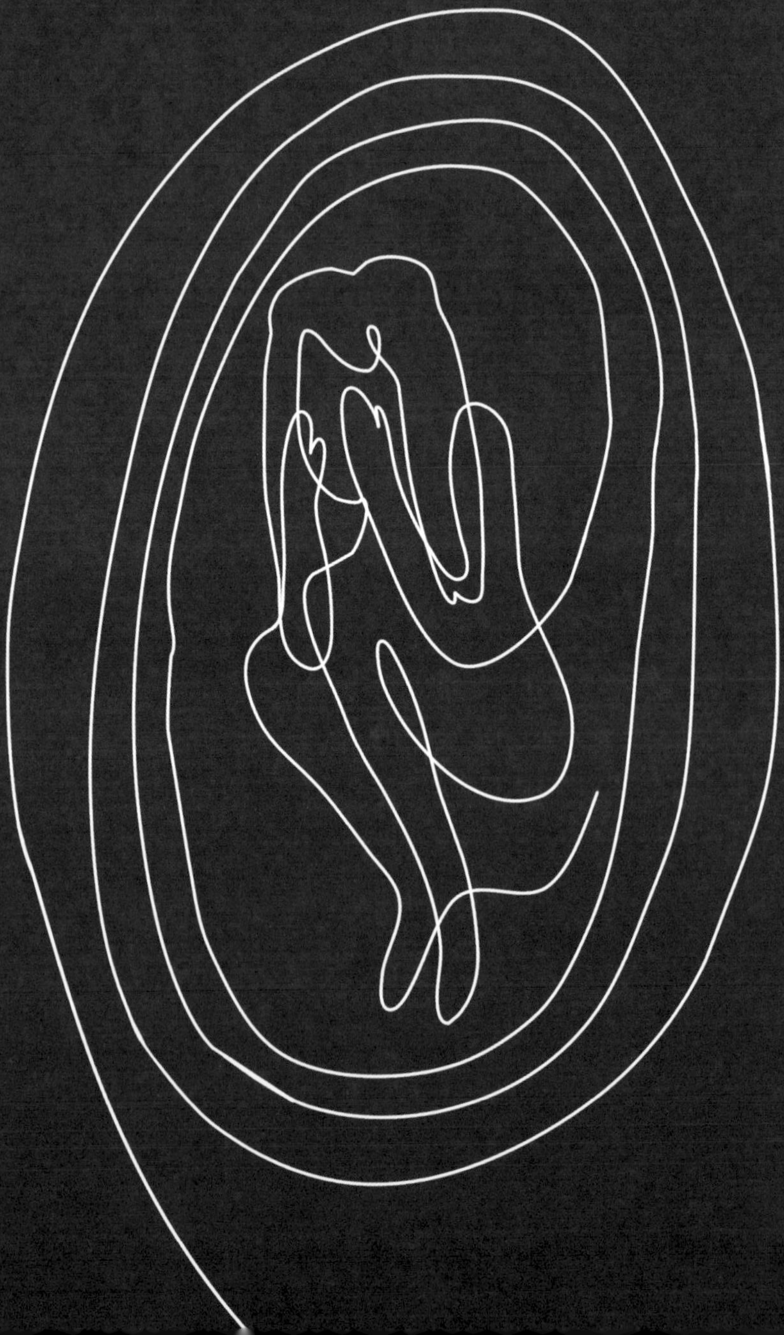

agonia

a minha dor
é profunda
tão profunda
que me engole
me abraça
me sufoca
eu peço para ir embora
tento me despedir
mas ela me olha com pluma
me dá um beijo na testa
se instaura
com tanta força
que as lágrimas
descem incontroláveis
não param
o que eu fiz
o que eu faço
para que ela vá
e não volte

estou sentada de olhos fechados
porque para todo canto que olho
ainda vejo você
o tempo anda passando tão devagar
e não sei mais o que posso fazer
então vou continuar com os olhos fechados
e nunca mais acordar

procura-se

estou em busca da minha paz
já procurei por ela em
abraços vazios
becos frios
e nada a traz de volta para mim
procurei embaixo da cama
como alguém desesperado
mas me encontro nesse quadrado
e nada de encontrá-la
já rodei por tantas vielas
e ainda não me deparei com atitudes singelas
de quem quer me ajudar
ela permanece aqui em algum lugar
e não vou parar de buscar

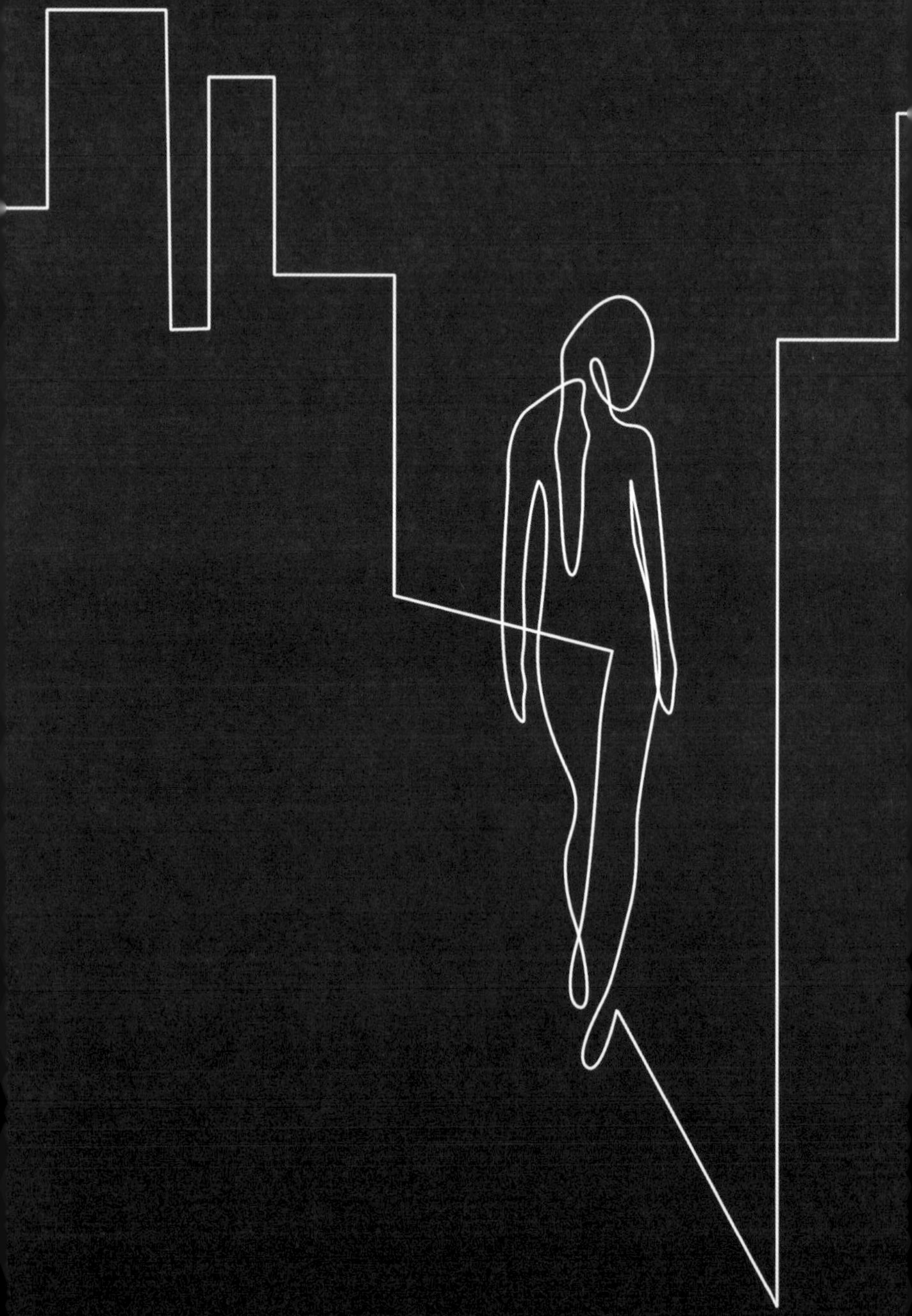

ela é apenas uma fugitiva
vadiando por ruas mal planejadas
procurando por uma saída
qualquer coisa que amenize a dor
já não é como antes
seus olhos estão vazios
aos vinte anos de idade
embriagada sozinha se culpando
sua família a deixou de lado
ela bebe segredos
até que eles a matem engasgada
seu humor é baseado
nas drogas que ingere
ela foge dos próprios medos
e se destrói pelas decisões alheias
que não foram sua culpa

a sua ansiedade está te pregando peças,
vá viver sua vida

descontrole

tento segurar entre meus braços
o que não cabe nos dedos
o incontrolável para alguém
que anseia por controle é a maior
cratera da existência e o que
nos espera no fundo dela é um
poço de culpa cujo reflexo é você

sobrevivência

a vida é um conjunto de decisões
erradas, um ciclo infinito de
inconstâncias, em que errar é normal
e acertar virou crucial. provavelmente
você não conseguirá controlar o que
há por vir. talvez em um momento
diferente, mas sempre de forma
intermitente. e, ao passar por ela,
nos questionamos se a vida foi feita
para viver ou se virou um eufemismo
para sobreviver.

outras coisas que guardei pra mim

prazer

eu sinto a pressão do mundo
sob cada parte carnal que me compõe
sinto meus órgãos dilacerar
toda vez que tento me expressar
em palavras para me ajudar a ver
a beleza do que eu escolhi ser trabalhar
com sentimentos, acolher e sentir
prazer nisso que eu sou poeta

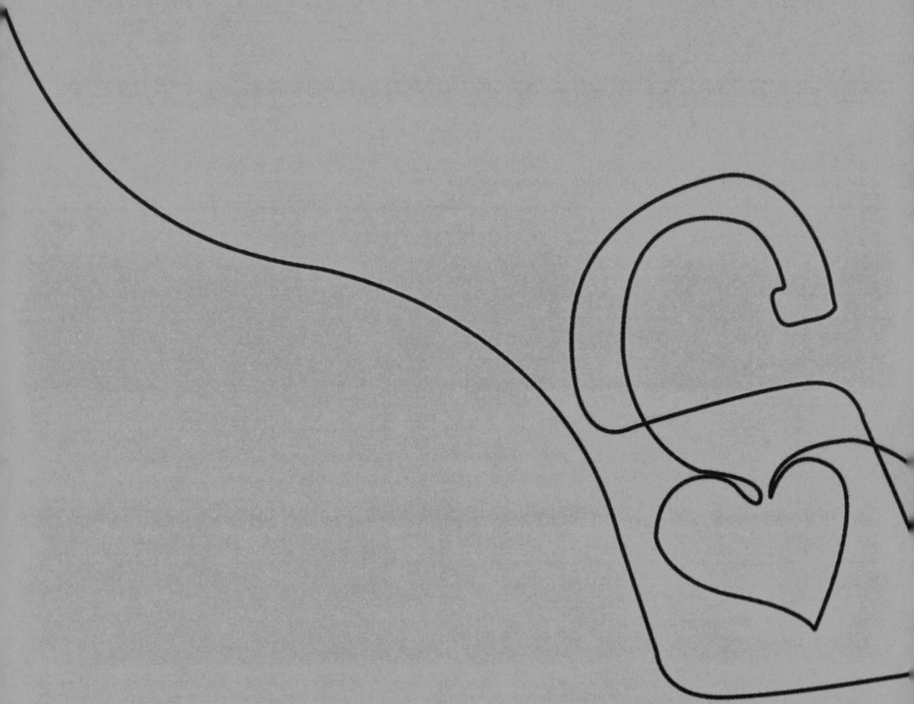

deixar ir fala mais sobre amor
do que insistir

G.R.

quando só o que eu podia ouvir eram
os demônios na minha cabeça, você os
silenciou colocando as mãos no meu
ouvido e tem feito isso a vida inteira.
quando eu não pude carregar o fardo
sozinha, você se mudou de longe para
fazer isso comigo. sempre fomos como
irmãs de diferentes pais, crescemos lado
a lado destinadas a enfrentar tudo, mas
nunca sozinhas, porque somos nossa
própria companhia. nossas conversas
e programas são o que tem me salvado
hoje em dia. obrigada por não ter
me deixado cair, ainda temos milhares
de filmes de terror para assistir.

casa

evito casa
aliás não sei onde é mais
procuro casa
aquela que tive um tempo atrás
não encontro casa
não sei onde meus pais estão
e que hora vão voltar
não existe casa
porque eles já te deixaram há muito tempo
chega de esperar
mas cadê a casa
sua mãe vive lá com outra criança
outra família
a casa, a minha casa
eu perdi as chaves
eu juro que estavam aqui
não vejo casa
onde é essa casa
a minha casa

amizade

em poesias passadas escrevi sobre amigos
que curam a alma
que se fazem casa
mas nesta aqui escrevo sobre angústia
onde estão esses mesmos amigos
talvez em diferentes destinos
em que você não existe mais
mas não são esses para quem
você se declarava
e a quem dava o mundo sem pensar
e se você não chamar
onde estarão esses amigos
será que sentiriam sua falta
se você deixasse de existir
aqueles mesmos cinco com quem
você contava para tudo
onde estão
agora que tudo não é
mais igual a antes

o bom de viver a vida é
poder conhecer o mundo
por diferentes perspectivas
aproveitar cada detalhe
mesmo que longe de casa
ir em busca de um lugar desconhecido
é a melhor motivação para se manter vivo

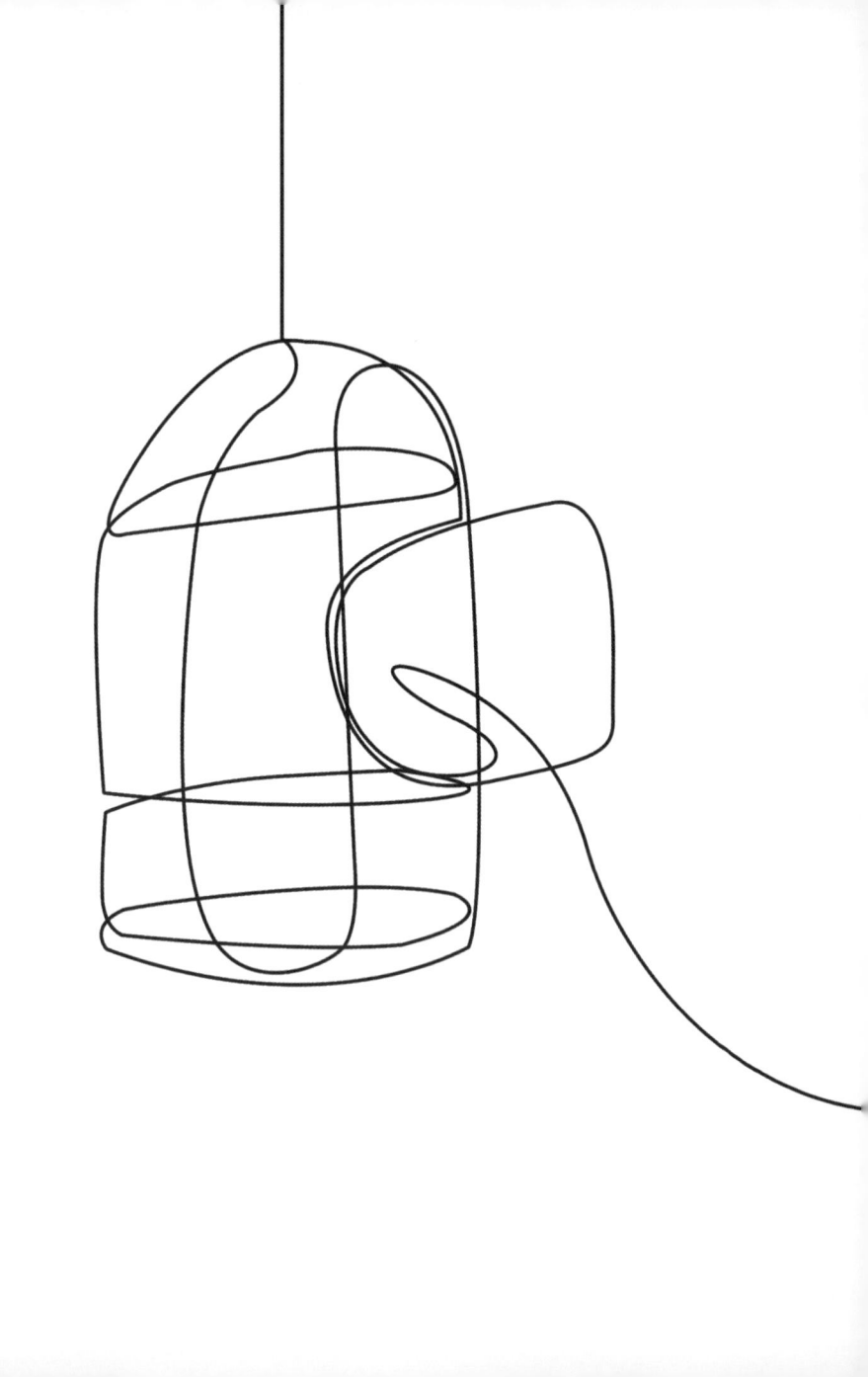

liberdade

vinte de agosto. eu me via presa para sempre em um encanto utópico, de tudo que eu esperava que você fosse. foram mensagens e ligações querendo te desprender de mim, tudo de que eu precisava era esse fim. eu só queria sentir algo diferente, algo que não fosse dor. a maioria das pessoas procuraria por amor, eu procurei por paz. quatro anos depois, eu me despeço. esta é a sua sepultura, pela última vez aqui você jaz.

gosto de namorar o namoro alheio, assim
não preciso do meu. apreciar fotos de casais
apaixonados em uma cena bonita, fingindo
que sou eu. mais fácil assim, porque esperar
de você nunca vai acontecer.
nada de flores no meu aniversário, tudo
bem. eu gosto de girassóis, você nunca
ouviu. escondida aos olhos dos outros, aos
seus. será que alguém sabe quem sou eu?
já ouvi que não é necessário saberem quem
sou, mas será que faz bem ficar guardada
assim? comodidade te faz ficar, mas a
qualquer sinal de farra tudo o que faz é se
afastar. gosto de namorar o namoro alheio,
porque posso sentir de algum jeito que,
um dia, vai ser eu.

outras coisas que guardei pra mim

se eu pudesse
teria visitado o futuro
congelaria sorrisos e risadas
deixaria a tristeza de lado
e aproveitaria o melhor da vida
nunca foi tão árduo assim
do ponto de vista em que eu me encontro
como li em algum lugar
não temos que aproveitar
porque vivemos uma vez
e sim porque morremos

marcas

era para ter sido só um beijo
sempre pensei que seria só um
um virou cem
eu queria sentir o gosto da sua boca
do seu corpo
nunca imaginei que acabaria assim
provavelmente esse é o efeito
que você tem em mim

querida irmã

você foi minha segunda chance.
provavelmente demore para fazer
sentido, mas por favor seja criança.
a sua existência me faz voltar para casa.
alguém precisa de mim. não cometa
os mesmos erros, não fique triste com
frequência. aprenda que os momentos
são passageiros. ame seus pais. saiba
que cair faz parte e levantar te faz forte.
abrace seus sonhos, mesmo quando
tentarem diminuí-los. cresça devagar,
enquanto o mundo gira sem parar.
apaixone-se. faça amigos. perca-os,
mas nunca a si mesma. seja gentil com
as batalhas alheias. não se preocupe,
alguém sempre vai olhar por você,
prometo. porque essa pessoa sou eu.

somos uma parte tão pequena neste universo
dentre mais de cento e noventa e cinco países
que o compõem
existem pessoas que nunca vão ouvir nossa voz
ou parar para escutar no que nós acreditamos
vamos partir sem aprender mais de dez dialetos
ou ver paisagens incríveis que passam na televisão
somos efêmeros
o amanhã já é tarde demais

querida mãe

a busca incessante por uma relação de filme fez com que as nossas diferenças vibrassem mais alto, e não há culpados nisso. fui sua companheira inusitada quando você tinha a idade que tenho hoje. sei que não foi fácil, e não parou de ser desde então. se eu ao menos soubesse como amenizar a dor que você sente para se manter de pé. me vi em um cenário querendo fugir de perto, agora almejo que todos os seus segundos sejam eternos. viramos pais dos nossos pais quando crescemos, porque percebemos quão imaturos fomos quando pequenos e que a narrativa sempre foi sobre cuidado. resistimos aos erros, tentando preencher esse abismo com amor. não sei o que passou, mas respeito. vou continuar melhorando, mas primeiro preciso começar me desculpando.

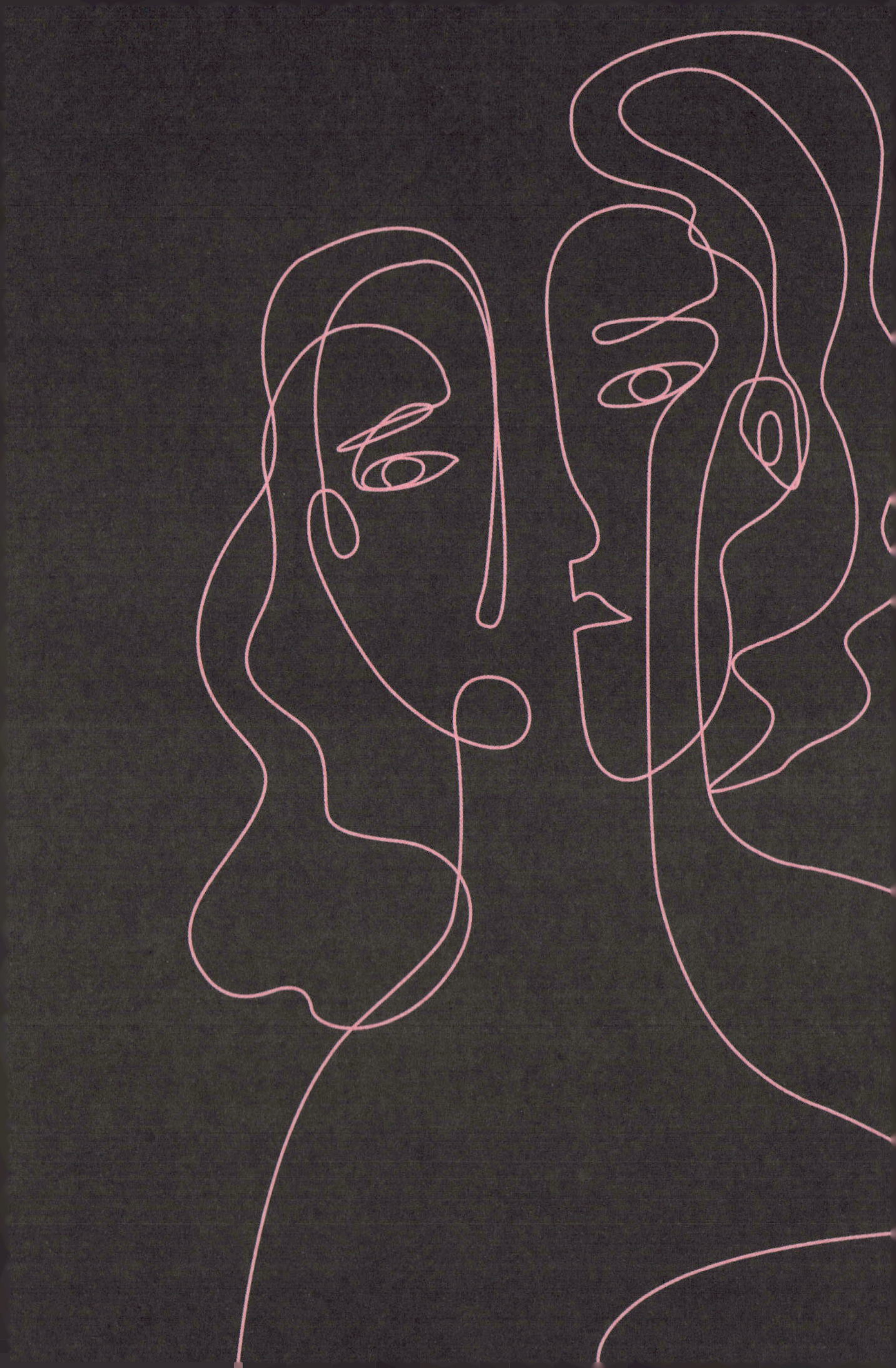

dissociação

me pergunto se meu eu de dezoito anos
estaria orgulhoso de mim
se suas ambições de contramaré
foram surpreendidas ou
repreendidas
será que meu eu do passado
assemelha-se com esses ideais
presentes ou será que
é preciso mais dez anos
ou a vida toda
para alcançar esse
semblante inexistente

nunca vou entender a vontade de Deus
mesmo se Ele próprio me contasse
eu ainda não entenderia
não aceitaria
existem amores que andam junto
com as piores dores
e esses amores são impossíveis de enterrar
a perda faz com que essas dores
fiquem insuportáveis
se ao menos o amor pudesse te salvar
você seria eterno

outras coisas que guardei pra mim

rimas

fui a sua pior dor
quando se refere ao amor
não foi difícil colocar alguém
para amenizar sua ilusão
agora procura sentido
em uma conclusão
sendo que tudo já acabou
e aquilo que já senti
se adentrou

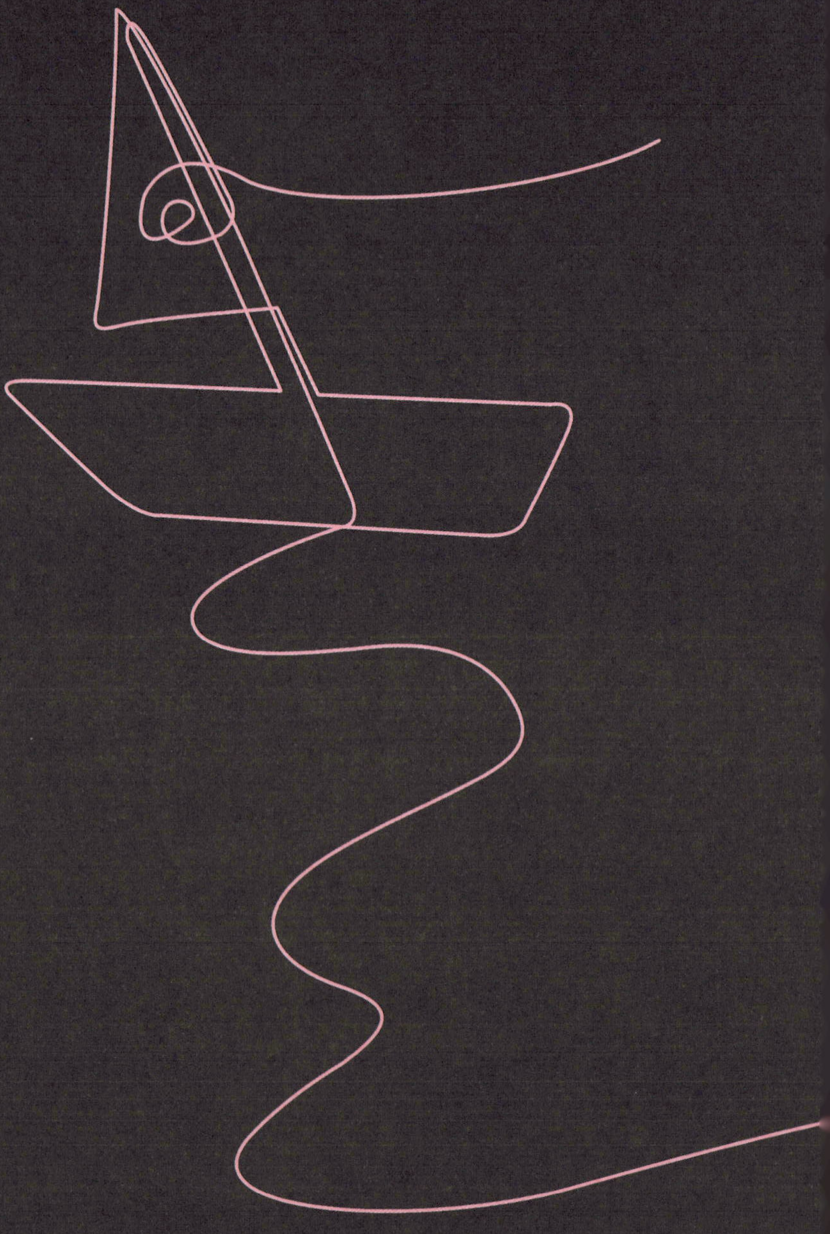

partida

não sei quantas vezes me despedi
quantas vezes achei necessário
ver pela última vez
o rosto daqueles que
eu acho de certa forma relevantes
quantas vezes pensei
na melhor forma de não me machucar
de não machucar ninguém
não sei quantas vezes tentei e
quantos sinais ainda preciso dar
e não sei se esta vai ser a última
que vou planejar me dissipar

caso eu não exista

lembrem-se do meu sorriso
e de como eu fazia para todos sorrirem
lembrem-se de como eu insistia no amor
mesmo depois de ter sido cegada por ele
lembrem como eu fazia questão dos meus pais
enquanto eles procuravam por outra família
lembrem-se da filha, irmã, amiga presente
cujo sonhos foram enterrados
lembrem as boas conversas e das risadas
que aconteciam enquanto eu lutava
lembrem-se dos detalhes sórdidos
acompanhados dos defeitos
lembrem como sempre doeu me despedir
mas não se esqueçam de mim

outras coisas que guardei pra mim

viveria frustrada em troca
de ser abandonada

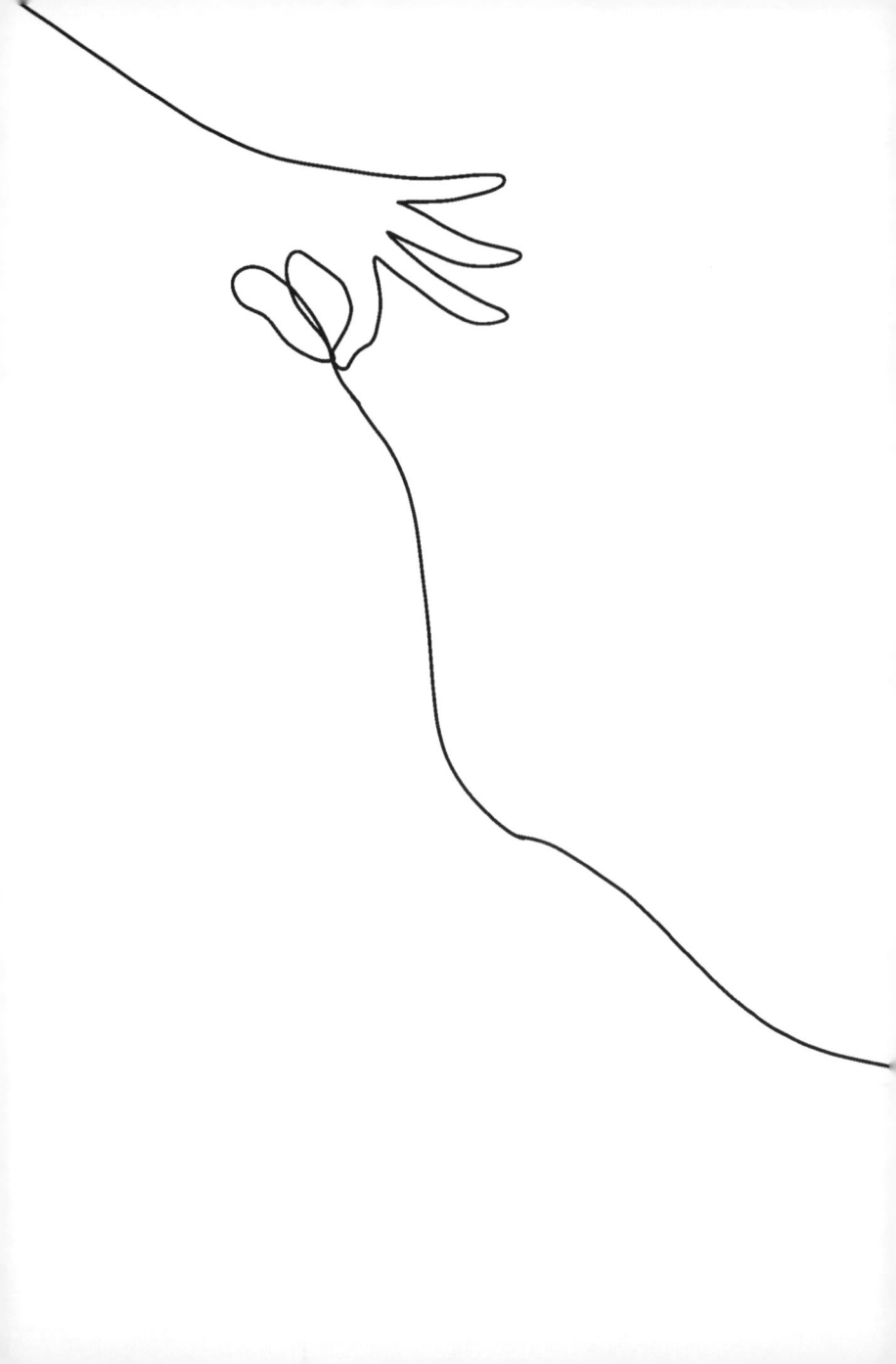

precipício

não posso expor o que faço com meu
corpo diariamente, mas chego a ter pena
dele. confesso ter parcela de culpa pela
quantidade de nicotina que habita em mim.
os atos são meus, mas não assumo total
responsabilidade, porque já olhei nos olhos
de quem a tem por completo. desculpa, eu
comecei a gostar do sabor que o cigarro deixa
na boca logo depois que o coração aperta, eu
sei que te decepciona. desculpa por precisar
de três ansiolíticos para me acalmar. confesso
que gosto da sensação de que aquilo tudo
pode passar. são onze e dez da noite, não
quero esperar mais, não tenho mais desejos.
estou indo embora, e vocês não percebem.
pouco a pouco não vai existir mais nada.

aguente firme, só mais um pouco. o sol vai
nascer, a lua brilhar e você vai se encontrar. se
não aqui, em outro continente, alguém ainda
vai te amar. faça novos amigos, se os antigos
decidirem não ficar. se afaste da sua própria
família, se ela te destrói e é o motivo de você
não aguentar. deixe seus pais, vire eles, só que
melhor. saia de situações desconfortáveis e
abusivas e aprenda a arte de ignorar, seja feliz.
mas é preciso que segure firme, vai passar.

V.T.

me lembro bem
de quando não havia ninguém
para estancar o que eu estava passando
mas não existia momento ruim
que te fizesse desistir de mim
parei de ter medo de mostrar
meu lado obscuro
já não faria você partir
entendi o verdadeiro valor
de uma amizade
ela não machuca
apenas se desdobra
para te ver sorrir

J.P.

tão superficial
te encontrei na superfície
deslizei o dedo, você estava
aqui do meu lado sem medo
num dia frio. embriagada
eu me senti quase amada
e desisti de nós, o meu maior erro
se eu pudesse voltar atrás
você estaria aqui comigo
longe de ser um desejo
longe de todos entre nós

outras coisas que guardei pra mim

cqgpm

para você que guarda tantas coisas para si
com medo de externá-las por aí
permita-se sentir
o que vem e precisa sair

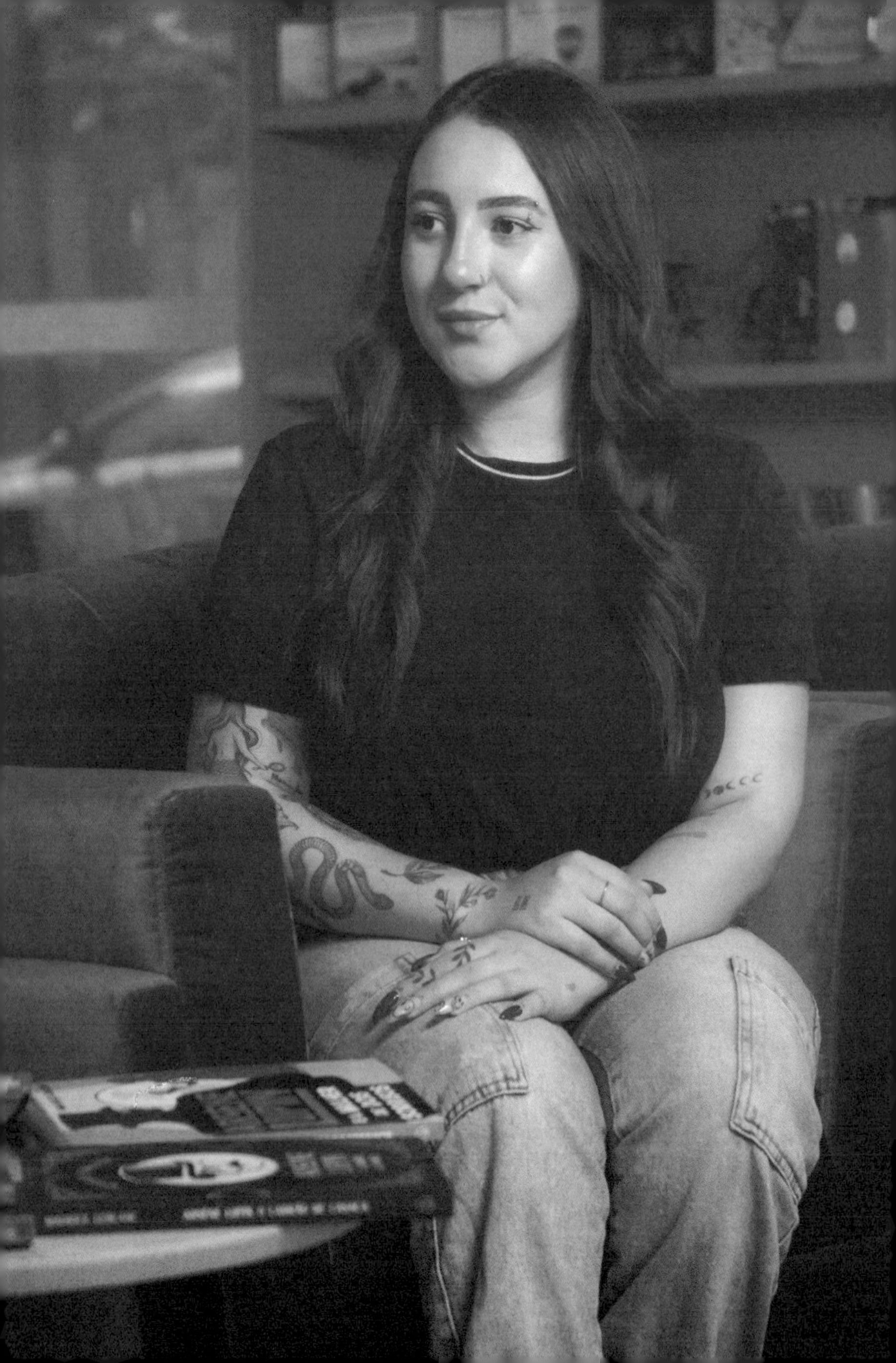

samara a. buchweitz nasceu em são paulo, é formada em publicidade e propaganda e sempre viveu em meio a livros e histórias. publicou em 2014 *fábulas fabulosas* e depois passou a escrever e guardar para ela suas reflexões, sua visão de mundo e seus sentimentos mais íntimos. seu primeiro livro, *coisas que guardei pra mim*, foi lançado em 2021. agora, em *outras coisas que guardei pra mim*, ela expõe de maneira poética e sensível, mas às vezes crua e dolorida, as vivências, as dúvidas e a ansiedade que acompanham o dia a dia de todos nós.